대박 아이디어는
어떻게 만들어지는가

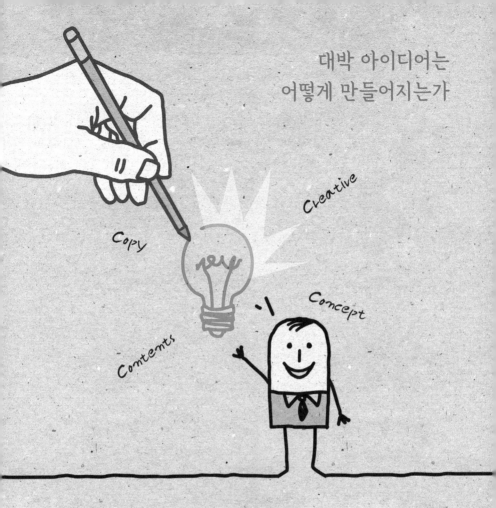

Creative

Copy

Concept

Contents

이 세 훈 지음

한 줄 카피와
콘셉트의 힘

대|경|북|스

1판 1쇄 인쇄 2023년 2월 24일
1판 1쇄 발행 2023년 2월 28일

지은이 이세훈

발행인 김영대
펴낸 곳 대경북스
등록번호 제 1-1003호
주소 서울시 강동구 천중로42길 45(길동 379-15) 2F
전화 (02)485-1988, 485-2586~87
팩스 (02)485-1488
홈페이지 http://www.dkbooks.co.kr
e-mail dkbooks@chol.com

ISBN 978-89-5676-945-5

들어가는글

콘셉트가 경쟁력이다

독창적인 사고, 유니크(unique)한 의견이나 주장, 차별화, 개성, 브랜드 이미지, 지속성, 전략적, 구심력 등 이런 용어나 의미들을 한 마디로 아우는 개념이 무엇일까? 한 마디로 '콘셉트(concept)'다.

일상생활에서도 콘셉트란 말을 수 없이 듣고 비즈니스에서도 콘셉트가 중요하다는 건 알지만 막상 자신이 몸담고 있는 분야에 적용하려는 순간 머릿속이 텅 빈 느낌이 든다. 콘셉트란 말이 추상적이라서 그렇다. 하지만 독창적인 사고, 유니크한 의견이나 주장, 차별화, 개성, 브랜드 이미지, 지속성, 전략적, 구심력 등을 하나의 스토리로 구성하고, 글이나 말로 표현하면 새로운 콘셉트가 탄생한다. 필자는 이런 스토리를 창조하는 사람을 '콘셉트 크리에이터(concept Creator)'라고 지칭하고, 디지털 혁명시대를 앞서가는 직장인들의 지향점이라고 생각한다.

법인기업에 속한 개인이든, 1인 기업이든 창의적인 일을 수행하는 것이 아니라면 별 생각 없이 하는 단순 작업에 불과하다. 새롭고 가치 있는 일을 만드는 사람과 주어진 일만 수행하는 사람의 격차이기도 하다.

정보가 흘러넘치고 공유되는 디지털 혁명시대에 직장인이나 1인 기업의 목표는 창의적으로 일하는 사람이어야 한다. 창의적으로 일하고 성과를 내기 위해서는 어떤 역량과 자질이 필요하고, 무엇을 익혀야하며, 궁극적으로 무엇이 목표인지를 알아야한다. 이런 내용을 중심으로 '콘셉트 크리에이터'로서 거듭나는 여정을 안내하고자 한다.

'콘셉트 크리에이터'는 한 마디로 창조적인 혁신으로 성과로 연결시키는 사람이다. 디지털 혁명시대 직장인이나 1인 기업은 창의적으로 생각하고, 구현하고, 성과로 연결시키는 '콘셉트 크리에이터'가 되어야 한다. 정보와 지식만으로는 이러한 목표를 이룰 수 없고, 종합적인 역량이 필요하다.

먼저 규모에 관계없이 비즈니스의 대부분은 고객의 문제를 발견하고 해결하는 솔루션 제공에 있다. 타겟(target) 고객을 대상으로 이슈를 파악하고 적합한 해결책을 제시하기 위해서는 기존 관습이나 관행을 뛰어넘는 한 차원 높은 발상이 필요하다. 막연

히 하다 보면 어떻게 해결되겠지 하는 안일한 사고로는 아무것
도 성취할 수 없다.

'타겟 고객의 이슈 → 발상의 전환 → 새로운 콘셉트나 솔루션 →
실행'이라는 프로세스가 '콘셉트 크리에이터'의 행동 패턴임을
기억해야 한다.

'콘셉트 크리에이터'로 자리매김하기 위해서는 일상적인 사
고 패턴에 독창성을 가미해야 한다. 경쟁 회사, 경쟁 제품, 경쟁
시스템과 차별화가 필요하다는 의미다. 경쟁이 치열한 비즈니스
세계에서 독창성의 다른 이름이 '콘셉트'이다. 창조력을 키우고
자신만의 차별화된 콘셉트를 만들어 내기 위해서는 독창성의 본
질에 접근이 필요하다.

이와 동시에 4차 산업 시대에 생존하고 성장하기 위해서는
그 어느 때보다 변화와 혁신이 필요하다. 디지털 혁명 시대에 우
리는 하루가 멀다 하고 급격하게 가치관이 변화되고 전도되는
현상을 목도하고 있다. 타겟 고객들의 관심사가 빠르게 변하고
다양하게 분화됨으로써 새로운 가치관이 저변에 형성되고 있다.

새로운 정보를 취사선택하여 독특한 관점에서 사물이나 사
람의 본질과 관심사들을 해석하고 판별하려면 멀티 플레이(*multi
player*)형 인재가 되어야 한다. 멀티 플레이형 인재란 타겟 고객의
'관심사'를 '관찰'하고 새로운 '관점'에서 해석하고, 차별화된 콘
셉트를 중심으로 '관계 짓기'로써 성과로 연결시키는 인재를

의미한다. 이것이 '콘셉트 크리에이터'가 지향하는 목표이자 사고 행동 패턴이다.

앞서 언급한 역량과 자질들을 머리로 이해하고 오늘부터 '콘셉트 크리에이터'가 되어야지 결심한다고 해서 이루어지지 않는다. 창조적인 체질로 탈바꿈해야 한다. 창조적인 일로 성과를 내려면 반드시 차별화된 콘셉트가 필요하다.

그냥 막연하게 콘셉트의 정의를 머리로만 아는데 그쳐서는 곤란하다. 콘셉트 크리에이팅 프로세스(concept creating process)를 제대로 익혀서 창조력이 흘러넘치는 '콘셉트 크리에이터'로 거듭나야 한다. 이를 위해서는 이 책에 강조하는 내용을 과감하게 실천하는 노력이 필요하다.

이 책은 콘셉트 크리에이팅 프로세스가 다른 분야에 비해 강조되고 중요한 의미를 갖는 분야의 다양한 사례를 통해 새로운 발상 능력, 개념적 사고(conceptual thinking)를 알려준다. 이 책에서 제시하는 내용을 배우고 느끼고 꾸준히 실천하고 자신의 분야에 응용한다면 '콘셉트 크리에이터'로 성공할 수 있다.

2023년 1월

저자 이 세 훈

차 | 례

제5장 콘셉트에서 콘텐츠로 아웃풋

제6장 콘셉트의 완성, 공간 재창조

제1장

콘셉트에 관한 콘셉트

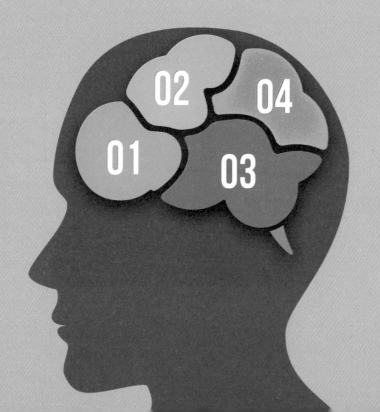

콘셉트 전성 시대

"예술적인 재능은 대부분 타고나는 것이지만 창의적으로 생각할
수 있는 능력은 누구에게나 존재한다."

《다르게 생각하라(*Think Different*)》

콘셉트가 뜨거운 감자가 된 시대다. 개인과 기업의 고객들은
자신만의 개성 있는 콘셉트를 연출하는 '콘셉러'를 자처하며 직
관적인 미학, 순간적인 느낌, 가볍고 부담 없는 콘셉트에 즉시 반
응하고 열광한다. 사진 한 장을 찍을 때조차 스스로 콘셉러가 되
어 자신만의 개성 있는 콘셉트를 연출한다.

이전에는 전문가의 영역이었던 콘셉트 연출이 이젠 일반 고
객에게까지 내려온 것이다. 누구나 스스로 콘셉트의 전문가가

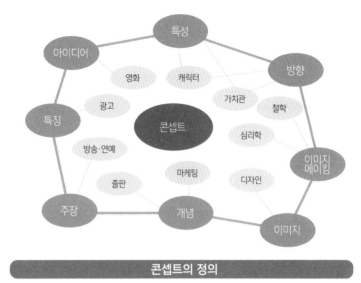

콘셉트의 정의

출처 https://www.outsourcing.co.kr/news/articleView.html?idxno=81834

되어 자신의 독특함과 개성을 뽐낸다.

콘셉트는 어떤 작품이나 제품, 공연, 이벤트 등에서 전달하고자 하는 주된 생각, 개념이다.

분야를 막론하고 콘셉트에서 가장 중요한 것은 'unique(유일무이한, 독특한)'해야 한다. 그저 남의 것을 모방하는 형태로는 개인의 콘셉트도 의미도 없고, 경쟁 상황에 놓인 제품이나 광고도 생존 자체가 위협받을 수 있다.

'콘셉트'라는 것은 '하나로 관통'하는 '一以貫之' 이다. 일관(一貫)되게 말과 행동이 같아야 하고, 동일한 콘셉트 하에서 공유하는 사람들의 메시지와 실천이 일치해야만 한다. 바로 이것이 콘셉트의 본질이며 특징이다. 따라서 콘셉트를 공유하는 사람들의 '핵심 메세지'는 단순히 슬로건이나 문장에서 그치는 것이 아니라 곧 '행동 양식' 그 자체이도 하다. 유일무이한, 독특한 그 무엇이 바로 콘셉트이다. 콘셉트는 차별화와 지속성이 무엇보다 중요하다. 반짝하고 사람들의 관심을 끌었지만 금세 사람들의 기억 속에서 사라져 버린다면 콘셉트로서 가치가 없다.

"Play the Concept, 콘셉트를 연출하라."

《트렌드 코리아》(2019)

최근 3~4년을 휩쓴 단어가 있다면 바로 '가성비'다. 가격이 저렴하면서 동시에 품질마저도 상대적으로 좋은 것으로 선택하곤 했다. 그러나 이젠 가성비나 품질보다 '콘셉트'가 오히려 화두가 되었다.

최근 1020세대는 '플로팅 세대(Floating Generation)'라고도 회자된다. 말 그대로 '떠다니는', 정착하지 못하는 디지털 유목민이다. 콘텐츠 곳곳을 누비며 다닌다. 책이나 긴 호흡이 필요한 영화조차 그들에게는 그다지 편하지 않다. 순간순간, 짧은 스토리를 담은 유튜브나 틱톡 콘텐츠를 소비하고, 동시에 다양한 IT 기기를 다루는 멀티태스킹도 가능하다.

동시에 끊임없이 스스로 원하는 것이 무엇인지 탐구하는 세

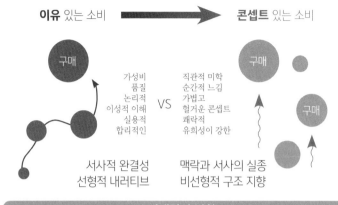

이유 있는 소비 ➡️ **콘셉트** 있는 소비

구매

가성비
품질
논리적
이성적 이해   VS
실용적
합리적인

직관적 미학
순간적 느낌
가볍고
헐거운 콘셉트
쾌락적
유희성이 강한

구매

구매

서사적 완결성
선형적 내러티브

맥락과 서사의 실종
비선형적 구조 지향

소비패턴의 변화

출처 : 《트렌드 코리아 2019》

대이기도 하다. 이들은 첫 인상, 느낌, 브랜드의 콘셉트가 중요하다. 직관적 이미지가 백 마디 말보다 더 중요하다.

주저리주저리 설명하는 스토리 라인보다 한눈에 알아볼 수 있는 콘텐츠에 열광하는 고객들의 취향에 맞춰 기업들도 역시 숏폼(short form) 형식의 콘셉트 개발에 열심이다.

과거에는 실용적이고 합리적인 '이유 있는 소비'가 만족을 제공했다면, 이제는 쾌락적이고 유희성이 강한 '콘셉트 있는 소비'가 더 큰 만족감을 선사한다. 논리적이고 이성적인 이해보다 가벼운 터치와 직관적인 감성이 우선이 된다.

코로나19 이후, 온택트 소통에 적극적으로 나선 MZ세대는 MBTI, 성향테스트, 콘셉트 놀이, 세계관 콘텐츠에 푹 빠졌다. 자신의 성향과 코드가 맞는 사람들을 찾아다니며 콘텐츠를 통해 관계를 형성하고, 관계 속에서 새로운 콘텐츠를 만들어 낸다. 취향에 맞는 콘셉트의 세계관 속에서 콘텐츠로 소통한다.

그렇다면 대체 무엇을 '콘셉트 있게' 연출하라는 걸까?

와인 한 잔을 마시더라도 북 유럽풍 무드 조명에, 볼이 넓은 반투명 글라스에, 간지 나는 안주에, 분위기 좋은 음악까지 흐르는. 그것을 하나의 사진으로 찍어 '#와인 갬성'이라고 태그를 단다. 정말 자신을 위한 선물과 같은 즉흥 이벤트일까, 아니면 '콘셉트를 위한 콘셉트'일 뿐일까?

필자는 일시적으로 '그럴 듯하게, 있어 보이기 위한 것'이 아니라, 있는 그대로의 자기의 독특함을 설정하고 그것을 세련된 방식으로 표현하고 전달하고 공유하는 콘셉트가 더 중요하다 생각한다.

콘셉트, 자기다움의 결정체

무한 경쟁에서 생존하고 성장하는 개인이나 기업들의 공통점은 '자기다움'을 만들고 지켜나간다는 것이다. '자기다움'을 다른 말로 '자신만의 콘셉트'라고 표현할 수 있다. 자신만의 차별화된 콘셉트가 개인과 법인(기업)의 생존 조건이자 성장을 위한 핵심 엔진이다.

자기다움은 의도를 가지고 꾸준히 행동할 때 발견할 수 있다. 이를 위해서는 자신이 하는 일에 정의를 내리는 시간을 충분히 갖고 묵묵하게 자신의 일을 수행해 가면 된다. 모든 일의 시작은 먼저 정의를 내리는 것이다. 디자인에서도 가장 중요한 것은 정의를 내리는 것이다.

예를 들어 명함을 디자인한다면 명함이 무엇인지 정의해야 한다. 이름 세글자를 잘 담아내는 그릇으로 명함을 정의한다면, 이름이 맛깔나게 잘 보이고 상대에게 새겨지도록 명함을 디자인해야 한다.

　어학 사전을 검색하면 이름이 갖는 보편적 가치의 정의를 살펴볼 수 있다. 더 나아가 고객의 이름이 갖는 의미를 돋보이게 하는 요소들을 가미할 필요가 있다. 눈에 띄면서도 자신의 이름을 상대에게 인식시킬 수 있는 색다른 구성과 디자인이 필요하다.

요가매트를 형상화한 아이디어 명함

　'배달의 민족'이 생각하는 자신들의 일에 대한 정의, 업의 본질은 한 마디로 'Designers for joyful moments'이다. 배달 음식은 음식의 맛도 중요하지만 더 중요한 가치는 '사랑하는 지인들과 공유하는 행복한 시간'이다.

　월드컵 축구 생중계 때 배달시켜 먹는 치킨과 맥주 자체도 꿀맛이지만 축구 경기를 함께 관람하면서 함께 어우러져 만끽하는 즐거움과 행복감이 또 하나의 추억이 되고 오랜 기억 속에 남는다. 회사에서 야근하면서 배달시키는 족발도 가라앉은 심신에 활력소를 준다. 야근을 시킨 얄미운 상사와 함께 배달시킨 족발을 뜯으면서, '이런 게 회사 다니는 맛이지' 하며 너스레를 떤다.

배달의 민족이라는 법인의 콘셉트는 한 마디로 배민다움이다. 배민다움의 콘셉트는 단순하게 '고객들에게 음식을 배달하는 서비스를 중개하는 앱'이 아니다. '고객들이 배달음식을 함께 먹으며 만끽하는 행복을 전달하는 메신저'를 자처하고 나선 배달 업계의 선구자 격이다. 선구자라고 해서 묵직하고 꼰대 같은 방식으로 고객들에게 다가가지 않는다.

배달 업계의 행복 전달자이자 선구자 콘셉트긴 하지만 그들이 사용하는 용어나 커뮤니케이션 방식은 고리타분하거나 심각하지 않다. 배달의 민족 창업자인 김봉진 대표는 자신들이 추구하는 'B급 문화' 콘셉트를 '무한도전' 프로그램 콘셉트를 참고해서 재창조했다고 당당하고 자랑스럽게 얘기한다.

잘 난 척 젠체하지 않고 소박하게 어찌 보면 좀 모자라 보이는 감성으로 고객들에게 다가가 그들이 부담 없이 배달의 민족 앱에 접속하여 매일 카드를 긁을 수 있도록 철저하게 'B급 감성'

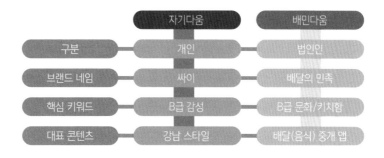

구분	자기다움	배민다움
구분	개인	법인인
브랜드 네임	싸이	배달의 민족
핵심 키워드	B급 감성	B급 문화/키치함
대표 콘텐츠	강남 스타일	배달(음식) 중개 앱

에 소구했다.

'덮어 놓고 굵다 보면 거지꼴을 못 면한다.'
'이끌든지, 따르든지, 비키든지'

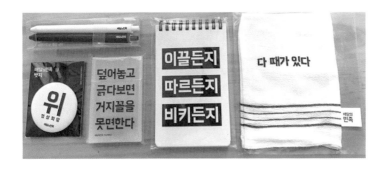

'어딘가 부족해 보이는 사람들이 모여 별 의미 없이 보이는 것들
에 도전하는 것'

무한도전의 콘셉트이다. 김봉진 대표 자신도 정통 기업인이
아니다. 디자이너 출신이다. 그런 그가 길바닥에 굴러다니는 음
식점 광고 찌라시를 모아다가 배달 중개 앱을 개발하고 'B급 문
화' 콘셉트로 소위 대박을 터뜨렸다.

한편 개인으로써 가수 싸이도 'B급 감성'콘셉트로 대박을 터
트려 월드 클래스 뮤지션이 되었다. 싸이는 자신의 콘셉트를 한
마디로 '글로벌 딴따라'고 자랑스럽게 얘기한다. '딴따라'는 용어
자체가 이미 'B급'이다.

싸이는 자신을 'A급 뮤지션'이라고 거들먹거리거나 젠체하지 않는다. 철저하게 'B급 감성에' 소구하되 자신의 무대는 전 세계 시민을 상대로 한다. 언뜻 보면 우스꽝스러운 춤과 댄스로 국경을 초월하여 누구나 자신의 노래와 춤을 따라 할 수 있도록 '강남스타일'로 '글로벌 B급 콘셉러'를 자처한다. 어딜 가나 곧 죽어도 'B급 감성'을 포기하지 않는다.

개인이든 기업체로서 법인이든 자신만의 차별화된 콘셉트를 기반으로 그 콘셉트를 중심으로 자신의 제품과 콘텐츠를 소비하는 고객과 격의 없이 소통하며 돈을 버는 것. 그것이 차별화된 콘셉트의 힘이다.

콘셉트는 아이디어가 아니다

아이디어가 순간의 발상으로 누구나 떠올릴 수 있는 것이라면, **콘셉트**는 그 아이디어를 바탕으로 조사하고 발전시키고 새로운 의미를 부여해서 개념화한 것이다. 이것이 바로 아이디어와 콘셉트의 차이다. 아이디어는 콘셉트로 전환하거나 진화해야 의미가 있다. 콘셉트로 전환해야 한다는 말은 구체적인 조사나 발전 프로세스가 뒷받침되어야 한다는 것을 의미한다.

세상을 바꾸고도 남을만한 아이디어로 회자되는 거의 대부분의 아이디어들은 그 과정은 생략한 채 결과만 가지고 하는 이야기일 가능성이 높다. 창의적인 아이디어는 하나의 작은 시작에 불과하다. 그것도 수많은 작은 생각 중 하나일 뿐이다. 위대한 가능성을 품고 있다는 사실 자체를 부인하는 것은 아니지만 언제든지 상황의 변화에 따라 폐기될 수 있는 개연성도 동시에 내포하고 있다.

그렇다면 도대체 콘셉트는 뭘까? 아이디어와의 차이점에 대해서는 나름 설명을 했지만, 여전히 답하기 어려운 질문이다. 그 이유는 콘셉트가 하나의 지식이 아니라, 어떤 근본 개념이나 원리이기 때문이다. 나름 콘셉트 좀 잡아 본 콘셉트의 고수들도 그 원리를 어깨 너머로 배우거나 책에서 읽어서 터득한 것이 아니다. 대부분 자신들의 경험의 축적을 통해 체득했을 가능성이 더 크다.

콘셉트를 정의하기 더 어려운 이유는 콘셉트란 용어가 다양한 분야에서 사용되기 때문이다. 개인의 퍼스널 브랜드 콘셉트, 유튜브 콘셉트, 공간 콘셉트. 건축 콘셉트, 디자인 콘셉트, 광고 콘셉트, 브랜드 콘셉트, 홍보 콘셉트까지. 뭔가를 고객이나 클라이언트들에게 공유하고 홍보해야 하는 비즈니스의 거의 모든 분야에 걸쳐 콘셉트라는 용어가 쓰이고 있다. 콘셉트라는 용어가 사용되는 개별 매체나 채널의 특성에 따라 사용되는 미묘한 뉘앙스도 차이가 난다.

콘셉트라는 용어가 가장 많이 등장하는 분야가 **광고 콘셉트**와 **브랜드 콘셉트**이다. 그 분야에 직접 종사하는 사람이 아니라 할지라도 드라마나 영화, 소설 등을 통해서 간접적으로 들어본 경험이 있는 분야이다. 그러면서도 막상 광고 콘셉트와 브랜드 콘셉트의 차이를 설명해 보라고 하면 말문이 막히는 경우가 허다하다.

광고 콘셉트와 브랜드 콘셉트의 차이는 두 분야를 바라보는 관점의 크기 차이다. 브랜드 콘셉트는 거시적인 관점에서 접근하고 이에 비해 광고 콘셉트는 미시적인 관점에서 접근한다. 광고 콘셉트가 특정 브랜드가 보여 주고 싶은 퍼포먼스의 관점에 집중한다면, 브랜드 콘셉트는 좀 더 본질적이고 가치 중심적인 메시지를 포섭한다.

콘셉트라는 같은 용어를 쓰지만 그 콘셉트를 기반으로 아웃풋하는 내용들이 많이 다르기 때문이다. 그 차이를 잘 모르면 좀 더 큰 규모의 브랜드를 보다 작은 광고 콘셉트로 잡게 된다. 그와는 반대도 협소한 범위의 광고를 광의의 브랜드 콘셉트로 잡는 우를 범하기도 한다.

나이키라는 브랜드를 파악하는 과정을 통해 브랜드 콘셉트, 광고 혹은 캠페인 콘셉트, 제품 콘셉트의 차이를 엿볼 수 있다. 나이키(NIKE)는 그리스 로마신화에 나오는 승리의 여신의 영어식 발음이다. 올림픽 경기의 소울(soul)이자 목표라고 할 수 있는 'Victory'가 브랜드 콘셉트이다.

한편 광고계에 종사하지 않는 대부분의 일반인들은 다양한 광고 매체를 통해 'Just do it!'이라는 광고 콘셉트가 더 익숙한 게 사실이다. 동시에 제품을 소비하는 사용자 입장에서 '에어 조던'

같은 제품의 기능이 강조된 제품 콘셉트가 더 친숙하다.

큰 맥락에서 보면 'Victory'라는 브랜드 콘셉트가 광고 캠페인, 제품의 콘셉트를 아우르고 있다. 이와 같이 '콘셉트'라는 용어를 쓰더라도 그 분야에 따라 하는 역할과 목적이 서로 다르다. 콘셉트에 대해 정리가 제대로 안 된 상태에서, Victory'라는 콘셉트를 잡아 오로지 그것만 일관성 있게 꾸준히 계속 밀고 나가야 되는 거 아닌가라는 생각이 들 수도 있다.

한편 'Victory'이라는 근본적인 소울(soul)과 가치를 바탕으로 고객들과 커뮤니케이션 할 메시지는 다양하게 표현할 수 있다. 'Victory'를 위한 'Together'를 말할 수도 있다. 'Victory'를 위한 'Sports Hero'를 이야기할 수도 있다(필자 나름의 해석이고 업계종사자의 의견은 다를 수도 있다).

나이키와는 조금 다른 관점에서 강력한 브랜드 콘셉트를 홍보하고 광고 콘셉트에도 그대로 연계시킨 브랜드가 있다. 앞서 이야기했던 '배달의 민족'이다. 배달의 민족은 'B급 정서와 키치 문화'를 잘 포섭한 콘셉트를 여전히 유지하고 있다. '무한도전'에서 힌트를 얻은 'B급 정서를 위트있고 재치 있는 용어와 비주얼로 포장하고 소통하고 고객들에게 일관되게 전달하고 있다.

수많은 업체들이 '배민'과 유사한 용어와 비주얼로 카피하지만, '배달의 민족'이 추구하는 근본적인 콘셉트를 온전히 표현하는 데 한계가 있다. 흘러가는 유행처럼 일부 스타일이나 굿즈 상품은 흉내 낼지 몰라도 근본적인 콘셉트까지 담은 스타일을 모방하긴 어렵다. 콘셉트의 근본 토대가 굳건해야 거기에 어울리는 스타일이 나오기 때문이다. 이와 같이 콘셉트는 단순한 하나의 아이디와는 다르다.

하나의 아이디어가 떠오른 후 실행에 이르기까지 연관된 팀이나 실무자들 사이에 얼마나 많은 협의가 필요하고 때로 얼마나 많은 시행착오를 겪는지, 그 과정에 주목할 필요가 있다. 어떻게 하나의 아이디어가 콘셉트로 진화하는지 각 분야별로 살펴볼 필요가 있다.

그렇다고 모든 사람이 브랜드 콘셉트나 광고 콘셉트를 전문적으로 만들에 내는 광고/브랜드 분야에 뛰어들 수 있는 상황도 아니고, 그럴 필요도 없다. 이 책의 내용을 차근차근 따라가면서 각 분야에서 콘셉트의 차이는 무엇인지, 그 용도와 풀어가는 방식이 어떻게 다른지 그 차이점을 통해 콘셉트에 대한 자신만의 관점을 견지하면 그만이다.

각 분야의 다양한 사례들을 통해 콘셉트에 대한 자신만의 관점을 장착하고 매 순간 떠오르는 오만 가지 생각 중에서 유용한 아이디어를 돈이 되는 콘셉트를 잡아 새로운 비즈니스 기회를 창출할 수 있기를 바란다. 그것이 차별화된 콘셉트에 기반한 신상품이든, 무형의 새로운 콘텐츠든지 간에 자신의 상황에 유연하게 적용할 수 있는 콘셉트화 감각을 터득하기 바란다.

손에 잡히는 콘셉트의 비밀, 창조의 바퀴

새로운 콘셉트도, 새로운 글도 훌륭한 창조에 의해 탄생한다. 이 시대 최고의 석학이자 전 문화부 장관을 역임한 이어령 선생은 강의 중에 창조의 원동력은 3관, 즉 관심(關心), 관찰(觀察), 관계(關係)에서 나온다는 말씀을 하신 적이 있다. 그 중에서도 관찰의 힘을 강조한다. 그분이 말씀하시는 창조성의 근원은 관심(關心)이고, 관찰(觀察)이며 관계(關係)이다.

"창조의 기본 단위는 관심, 관찰, 관계예요. 깃털 하나 떨어지는 현상에서도 관심을 가지면 비행기도 만들 수 있죠. 관심은 관찰로 이어져 나와 관계를 맺게 되는 겁니다. 나는 평생에 걸쳐 서로 다른 현상에서 같은 점을 찾고, 같은 현상에서 다른 점을 찾으려 했어요. 은유적 사고방식을 바탕한 결합이죠."

이어령,《바이오그래피(biography)》 중에서

이어령 선생이 말씀하시는 창조성의 근원은 관심이고, 관찰이며 관계이다. 여기에 필자가 '관점의 전환'을 추가하여, 관심(關心), 관찰(觀察), 관점(觀點), 관계(關係)의 4요소를 설정한 후, 각 요소 간의 흐름과 내적인 연관성을 고려하고, 상호작용을 융합하여 일관된 메시지나 새로운 콘셉트를 도출하는 프레임(워크)이다. 이 프레임을 바탕으로 신제품이나 새로운 콘텐츠를 만들어 내는 '창조의 바퀴(Creation Wheel)'로 체계화시켰다.

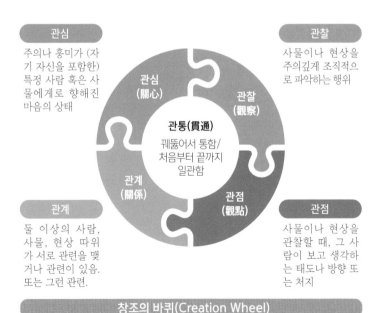

관심
주의나 흥미가 (자기 자신을 포함한) 특정 사람 혹은 사물에게로 향해진 마음의 상태

관찰
사물이나 현상을 주의깊게 조직적으로 파악하는 행위

관계
둘 이상의 사람, 사물, 현상 따위가 서로 관련을 맺거나 관련이 있음. 또는 그런 관련.

관점
사물이나 현상을 관찰할 때, 그 사람이 보고 생각하는 태도나 방향 또는 처지

관심(關心)

관찰(觀察)

관통(貫通)
꿰뚫어서 통함/
처음부터 끝까지
일관함

관계(關係)

관점(觀點)

창조의 바퀴(Creation Wheel)

　　'창조의 바퀴'는 일관된 메시지나 차별화된 콘셉트를 도출하고, 새로운 상품이나 콘텐츠를 발굴하고 생산하는 프레임인 동시에 기존에 존재하는 현상과 지식, 각종 콘텐츠들을 분석하고 해체한 후 시사점(*implication*)을 도출하는 도구이기도 하다. 지식 체계를 거시적인 시야에서 바라보고 재해석하는 툴(*tool*)이면서 동시에 이기주 작가의 《언의의 온도》에 실린 감성 에세이 한 편을 분석하는 도구이기도 하다.

　　'창조의 바퀴'로 기존의 지식이나 콘텐츠를 분석하는 것은 평가 목적도 있지만, 그보다는 새로운 재창조를 위한 과정으로 이해하면 된다. '창조의 바퀴'는 'There is nothing new(*하늘 아래 완전히 새로운 것은 없다*)'라는 슬로건(*slogan*) 아래 기존의 것을 인정하고 그것을 기반으로 자신만의 독특한 생각이나 아이디어, 콘셉트를 융합하여 신상품이나 새로운 콘텐츠를 재창조하는 원리를 견지한다.

　　스티브 잡스도 창의력의 근원으로 미술을 강조했다. 창조미술로 역사를 바꾼 혁명가 피카소를 여러 차례 언급했을 정도로 피카소에 몰입해 있었다. 그는 왜 많은 예술 장르 중에 하필 미술, 그리고 많은 예술작가 중 왜 피카소를 두고 창의력(*creation*)을 강조할까? 두 천재의 공통점은 모방을 통한 창조적 조합 능력의 귀재였다. 입체파를 탄생시킨 피카소의 〈아비뇽의 처녀들〉은 르네상스 이후 500년이나 유지돼 오던 원근법을 무너뜨린 파괴적인 작품이었다고 한다.

한편 그 이면에는 기존 것들에 대한 탐구와 모방, 조합의 과정이 있었다. 그는 세잔 등의 영향을 받았을 뿐 아니라, 앵그르의 〈터키탕 Le Bah Turc〉(1862)이나 원시 이베리아 조각상의 얼굴 모습을 본떠오기도 했다.

'단순하며 우리가 매일 사용하는 가전제품 같은 컴퓨터, 친근하면서도 세련된 컴퓨터'를 만들고 싶어 했던 스티브 잡스는 평소 백화점의 주방용품 코너를 둘러보는 게 취미였다.

그는 퀴진 아트 믹서기를 보고 매킨토시를 만들었다. 직관적인 아이콘 형태의 운영 체제를 가진 매킨토시는 제록스가 만들어놓은 그래픽 유저 인터페이스를 활용한 것이고, 여기에 터치 기술을 더해 아이패드를 개발했다. 그는 휴학 중 우연히 수강한 캘리그라피 교양 미술수업이 자신의 인생을 바꾼 전환점이었다고 밝힌 바 있다.

이후 이 책 내용은 대부분 '창조의 바퀴' 프레임 안에서 전개될 것이다. '창조의 바퀴'의 고유한 특성 상 관심, 관찰, 관점, 관계 4가지 요소가 다 동원되는 경우도 있겠지만, 상황이나 주제에 따라 특정 요소가 강조되는 경우도 있다.

4가지 요소가 다 중요하지만 그중에서 새로운 콘셉트를 도출하고 콘텐츠를 분석하고 생산하는데 필수적인 관점의 전환이 큰 비중을 차지한다.

이 점을 미리 예고하는 이유는 상황이나 대상 콘텐츠의 성격에 따라 '창조의 바퀴' 프레임이 포섭할 수 없는 범위(scope)나 주제(theme), 아이템(item)이 일부 존재할 것이기에 독자들과 열린 마음으로 소통하고 싶은 바람에서다.

이 세상 모든 사물에 관심을 갖는다는 건 조금 무리가 있다. 자신이 제일 좋아하는 것에 관심이 가기 마련이다. 자신이 무엇을 좋아하는지 모르겠다고 말하는 이들도 있다. 꿈이 없다고 이야기하는 이들과 비슷한 부류다. 꿈이 없다는 말은 자신이 좋아하는 것을 못 찾았다는 다른 표현인 셈이다.

그럼 본인이 관심 있어 하는 걸 어떻게 찾을 수 있을까? 자신만의 독특한 경험에서 비롯된다. 다양한 경험을 통해 몸소 느끼고 깨닫는 것이다. 이렇게 말하면 "뭘 경험해야 할지 모르겠는데요?"라는 답변이 돌아온다. 이런 경우에는 "오프라인 대형 서점이나 도서관에 가보세요!"라는 제안을 한다.

오프라인 대형 서점이나 도서관에 가면 문학부터 예술, 정치, 역사, 건축, 스포츠, 컴퓨터, 종교, 유아 등 다양한 분야나 주제들이 존재한다. 대형 서점을 계속 돌아다니다가 어느 한 코너에서 발길이 멈추고 시선이 꽂히는 그 자리가 바로 당신이 가고자 하는 길이다. 그렇게 해서 큰 범위나 주제가 잡히면 그곳을 중심으로 연관된 분야나 주제로 조금씩 뻗어나가는 것이다.

이제는 자신이 멈추었던 코너와 연관된 직접 체험도 해보고, 책이나 영화 등을 통하여 간접 경험도 해본다. 한편 너무 그 코너의 해당 주제나 아이템에 대해서만 깊게만 파는 것도 바람직하지 않다. 영화평론가가 되려고 영화 책만 100권 읽는 사람들은 '어리석은 유형'에 속한다. 영화 책은 20권 정도, 나머지는 연극 관련 20권, 장편 소설 20권, 시집 20권, 자기계발서 20권 등 이런 식으로 읽는 것이 더 좋다. 영화도 결국 인생살이에 관한 소회를 영상으로 표현하는 것이기에 '산다는 것의 의미'를 다른 방식으로 표현하는 장르들을 섭렵함으로써 색다른 관점에서 깊이 있는 영화 평론을 할 수 있기 때문이다. 맛있는 요리를 위해 다양한 식재료를 찾듯이 다양한 분야의 소재들을 찾아 결합하면 돈이 되는 차별화된 콘셉트를 만들 수 있다.

콘셉트를 도출하는 시간을 제외하고는 콘셉트 재료들을 찾는 것에 집중해야 한다. 하나의 큰 맥락을 잡고, 그 맥락을 보다 풍성하게 꾸며줄 수 있는 재료들을 조금씩 수집하면 된다. 협소한 분야에 매몰되지 않고 시야를 열어 관심을 갖되 특정 대상을 관찰하려고 노력하고, 그 대상과 자신의 기억 속에 있는 큰 맥락 하에서 관계를 발견하고 연결시켜 간다. 이 정도면 새로운 콘셉트를 탄생시키기 위한 준비단계로서는 충분하다.

여기서 중요한 포인트는 왜(Why)라는 문제의식을 콘셉트가 도출될 때까지 지속시키는 것이다. Why라는 물음표(?)는 세상에 대한 흥미(관심)이며, 느낌표(!)는 세상과의 소통(관계)의 표시다. 관심이 없으면 관찰도 없다. 관찰이 없으면 어떤 문제도 풀리지 않는다.

관찰은 과거와 현재에 대한 관심에서 비롯되고 관계는 주체와 대상의 미래에 지향점을 둔다. '무엇(What)'에 대한 문제적 관점이 '어떻게(Know-How)'라는 방법을 찾아내는 것이다. '무엇(What)'에 대한 문제적 관점이 어떻게(Know-How)라는 방법을 찾아내는 것은 주로 비즈니스 콘셉트와 맞닿아 있다.

창조의 바퀴를 비즈니스 콘셉트 도출과 연계해서 아래 매트릭스로 정리할 수 있다.

콘셉션 매트릭스(Conception Matrix)

관심	Who are they? 우리 고객은 누구인가?	
	Who are we? 우리는 무엇을 하는 사람들인가?	
관찰	How they feel?(What is issue?) 고객의 니즈와 원츠	
관점	What to do? 우리는 무엇을 해야 하는가?	
관계	Why we are?(업의 존재 이유) 새로운 관점에서 고객과 관계 형성	

콘셉트, 고객과 제품의 관계 짓기

콘셉트에 대한 콘셉트? 도대체 콘셉트를 어떻게 정의할 수 있을까? 이 사람, 저 사람 혹은 이 책 저 책마다 나름대로 일리 있게 콘셉트를 정의한다.

비즈니스 현장에서 콘셉트는 제품과 고객을 이어주는 관계 짓기에서 시작된다. 대체적으로 공감하고 수긍하는 콘셉트에 대한 관점이다. 어찌 보면 다양한 콘셉트에 관한 다른 정의들도 이 관계 짓기의 범주를 벗어나지 않는다고 볼 수 있다. 콘셉트를 정의할 때 제품과 고객의 관계 짓기라는 개념은 포괄적이면서도 설득력이 있다.

제품과 고객을 의미 있게 맺어주는 관계설정이 바로 콘셉트의 본질이자 본연의 목적이다. 콘셉트는 마치 중매쟁이와도 같다. 신랑이 맘에 들어 신부에게 청혼할 수도 있지만, 중매쟁이가 변변치 않을 경우 신부에 대해 더 알아보지도 않고 다른 신부에게 갈 것이다.

전혀 매칭되지 않을 것 같은 두 존재나 사물의 관계를 이어주고 맺어주는 것이 콘셉트의 역할이다. 차별화된 콘셉트를 만들기 위해서는 종합적인 사고가 필요한 게 사실이다. 심리학, 사회학, 마케팅에 관한 지식, 잡지의 기사 한 줄, 브런치 카페에서 수다를 떠는 중에 뇌리에 남은 한 마디, 유튜브를 보면서 건져 올린 핫한 정보까지 동원될 수도 있다.

한편 방대한 데이터나 전문 지식도 필요하지만 그를 바탕으로 명쾌한 직관이 중요한 역할을 한다. 이쯤에서 시험 삼아 콘셉트를 하나 만들어 보자. 당장 위대한 콘셉트는 아니더라도 '이렇게도 만들 수 있겠구나'라는 가벼운 마음으로 읽어 보기 바란다.

김*석, 베스트 CD

도대체 나하고 '김*석'이 무슨 연관성 있지? 예전에 이름 날리던 가수라는 것은 알지만, 지금은 그저 그의 이름과 얼굴을 어렴풋하게 기억하는 정도이다.

음반시장에서 스테디셀러로 팔리고 있는 추억의 명가수, 20대 이하 젊은 세대가 그 유명가수에 대한 일반적인 인식이다. 이

상황을 전환하기 위해 프로젝트 회의에서 의견을 주고받는다.

"김*석 베스트 CD의 특징을 어떻게 어필하지?"

"가격, 디자인, 도매 유통 채널의 장점을 살려서?, 감동적인 이벤트로?"

"그 무엇보다 김*석이라는 이름 자체가 강점이 아닐까?"

"희망이 보이지 않던 시대를 노래 하나로 위로해 주던 잔잔한 파워, 짙은 어둠 속에서도 한 줄기 빛을 길어 올릴 수 있게 했던 그 무엇!"

"그치, 김*석의 노래 그 자체가 어찌 보면 가장 강점이고 제일 큰 자산이지."

"좋아, 근데 이 추억의 가수를 어떻게 고객들에게 어필하지? 요즘 젊은이들이 김*석을 알기나 할까? 음, 지금이 70~80년대처럼 어두운 시기도 아니고…"

"그래! 노래가 파급력은 있는데, 지금 이 시대에 필요한 게 파워는 아니지"

"우선, 목표 고객 설정부터 한번 해볼까?"

"10대는 아니야. 20대도 좀 그렇고, 30대나 조금 먹힐까?"

"우리 목표 고객을 30~40대로 설정해 봅시다."

"30대 이후라, 어떻게 어필하면 좋을까?"

"다 들어봤던 가사, 신곡도 아니고, 요새 뜨는 장르도 아니고,

과거의 '인기가요'지만…."

"그치, 예전에는 인기 많았지. 그들이 젊었던 그 시절에는."

"음, 뭐가 좋은 게 나올 것도 같은데…."

"그럼 지금부터 김*석 CD와 30~40대 목표 고객들과 관계를 만들어 봅시다."

20년 전 당신의 추억을 이 한 장의 CD에 담았습니다.
당신의 추억을 플레이 하십시오. 김*석 베스트 CD

이제 베스트 CD와 고객과의 느슨한 관계가 설정된 셈이다.

(광고) 콘셉트 : 당신의 추억을 담은 CD
　　　　김*석 베스트

제품과 고객을 콘셉트로 잘 연결시키면 인연이 되고, 충성 고객이 되면 연인의 수준까지 발전한다. 콘셉트가 변변치 않아 연결되지 못하면 고객들의 기억 속에서 금세 사라진다. 그 관계 짓기이 고객의 심금을 울리고 공감을 불러일으킨다면 그 콘셉트는 성공한 것이다. 최소한의 관계 짓기도 없이 일방적인 메시지 수단인 무차별적인 전단지 수준에 머물러서는 곤란하다.

콘셉션 매트릭스(*Conception Matrix*)

관심	Who are they? 우리 고객은 누구인가?	카페나 집에서 음악을 듣는 사람
	Who are we? 우리는 무엇을 하는 사람들인가?	음악 CD 제작/유통
관찰	How they feel? (What is issue?) 고객의 니즈와 원츠	힘겨운 현실에서 음악으로 힐링하고 싶다
관점	What to do? 우리는 무엇을 해야 하는가?	최신 유행이 아니라 추억을 소환하여 치유하는 음악을 제공
관계	Why we are?(업의 존재 이유) 새로운 관점에서 고객과 관계 형성	당신의 추억을 담은 CD 김*석 베스트 ※추억과 힐링이라는 코드로 새로운 관점에서 고객과 연결고리 형성

콘셉트, 의미 부여의 기술

우리는 매일 접하게 되는 수많은 광고를 통해서 다양한 브랜드가 출시된다는 것을 알 수가 있다. 하지만 그렇게 많은 브랜드들이 탄생되는 것만큼이나 사라지는 것들도 많다는 점은 인지하지 못하고 있다. 이런 치열한 경쟁 시대에서 브랜드 성공의 비결이 바로 이 책의 핵심 키워드인 '콘셉트'이다.

누군가 우리나라를 대표하는 과자가 무엇인지 묻는다면, 아마도 많은 사람들이 초코파이를 꼽을 것이다. 1974년에 출시된 초코파이는 글로벌 시장에서 누적 매출 4조를 기록할 정도로 꾸준한 사랑을 받고 있다. 한 제과기업을 대표하는 제품이자 스테디셀러가 될 수 있었던 배경에는 바로 정(情)을 나눈다는 명확한 콘셉트가 존재했기 때문이다.

초코파이로 승승장구하던 오리온은 갑자기 난관에 직면했다. 당시 제과 경쟁사였던 롯데와 해태가 연이어 '초코파이'라는 동일한 브랜드 네임과 제품을 팔기 시작한 것이다. 화들짝 놀란 동양제과는 우선 롯데제과에 상표등록 취소 소송을 걸었다.

법원은 "초코파이라는 명칭은 빵 과자류에 말랑말랑한 마시멜로를 넣고 초콜릿을 바른 과자류를 뜻하는 일반 명사다"라고 하여 오리온은 결국 패소하게 된다. '초코파이 전쟁'에서 무상하게 주도권을 빼앗겨버린 오리온은 전화위복의 대책이 필요했다.

제품 품질, 맛, 가격 차이 등을 어필하는 것보다, 오리온은 새로운 판을 짜보는 방향으로 '관점의 전환'을 시도한다. 관심의 초점을 '초코파이'가 아니라 '초코파이'를 사는 '고객'에 맞춰보기로 한다. '고객에 대한 관심'은 고객의 삶과 그들의 잠재된 욕구와 요구에 집중하는 '고객에 대한 사랑'의 다른 이름이다.

철저하게 고객의 관점에서 초코파이를 왜 사는지 관심을 갖고 질문하기 시작한다. 동시에 고객의 초코파이 구매 동기, 다시 말해 고객의 관심사에 의문을 가지고 관찰하기 시작한다.

필자가 체계화한 창조의 바퀴에서에서 관찰은 눈으로 보는 행위에 국한된 게 아니고, 오감을 동원해 귀를 열어 고객의 마음속에 있는 소리까지 경청하는 것을 포함한다.

예전이나 지금이나 초코파이는 종이 박스에 담긴 과자이다. 한 종이박스에 12개의 초코파이가 들어 있다. 개별 봉지에 담긴 과자처럼 혼자 한 번에 다 먹으려고 구매하기보다는 지인들과 나눠 먹는 경우가 더 많을 것이다. 오리온은 관찰한 내용을 기초로 고객 입장에서 더 파고든다.

'누군가와 함께 나눠 먹는 것, 과자 이상의 그 따뜻한 느낌을 주고받는 것… 어쩌면 고객들은 정(情)을 주고받는 거야. 그래, 정이다. 오리온 초코파이로 정을 주고받자.'

초코파이가 당시 가지고 있던 제품 특성이나 맛으로 차별화된 콘셉트를 잡아낸다. 오리온이나 다른 경쟁사 막론하고 초코파이는 '다 종이박스에 들어있는 과자'지만 오리온의 초코파이는 고객이 초코파이를 구매하는 그 순간부터 정(情)이라는 '의미'

를 부여한 것이다. 정(情)이라는 한 글자 덕분에 오리온은 경쟁사를 단숨에 제치고, 27년째 장수할 수 있는 브랜드로 고객들의 마음과 세포 속에 각인되어 있다. 콘셉트화는 '의미 부여의 기술'이다.

콘셉션 매트릭스(Conception Matrix)

관심	Who are they? 우리 고객은 누구인가?	주식 외 간식거리를 구매하는 소비자
	Who are we? 우리는 무엇을 하는 사람들인가?	과자 제조/유통
관찰	How they feel? (What is issue?) 고객의 니즈와 원츠	초코파이를 박스로 산다. 가족·지인들과 함께 나누어 먹고 싶다.
관점	What to do? 우리는 무엇을 해야 하는가?	먹는 즐거운 외에 함께 나누는 즐거움을 선사
관계	Why we are?(업의 존재 이유) 새로운 관점에서 고객과 관계 형성	초코파이는 정이다. ※ 함께 나눈다는 새로운 관점으로 고객과 연결고리 형성

콘셉트, 세일즈 포인트와
고객 니즈가 교차하는 지점

　오리온의 성공 신화와는 달리 지금까지 여러 국내외 기업들이 이 브랜드 콘셉트를 위해서 수많은 비용을 투자하고 노력을 기울였지만 모든 콘셉트가 다 성공을 거두었던 것은 아니다. 세계화가 본격화되면서 국내 기업들은 해외기업 브랜드들까지도 상대해야 하는 상황이 되었고, 고객들의 취향과 욕구는 더욱더 까다로워져 무한경쟁에 직면하고 있다.

　기업의 입장에서 자사의 새로운 서비스의 제품을 출시해서 알리는 데 과거보다 훨씬 더 많은 노력을 기울여야 하는 상황이 되었다는 것이다. 이제 단순히 제품의 성능이나 디자인이 훌륭하다고 해서 무조건 팔리는 시대는 지났다. 이제 법인 기업이나 개인으로서 1인 기업도 자사 제품이나 서비스가 가진 강점을 고객들의 마음과 어떻게 연결지을지 고민해야 한다.

콘셉트는 제품 자체가 가진 강력한 세일즈 포인트*(USP, Unique Selling Point)*와 고객의 니즈*(needs)* 혹은 원츠*(wants)*라는 두 가지 영역이 교차하는 지점이라 정의할 수 있다.

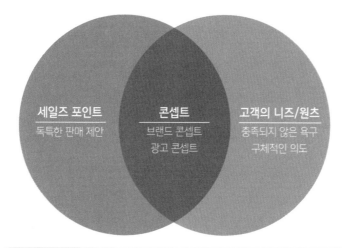

세일즈 포인트
독특한 판매 제안

콘셉트
브랜드 콘셉트
광고 콘셉트

고객의 니즈/원츠
충족되지 않은 욕구
구체적인 의도

콘셉트 서클, 세일즈 포인트와 고객 니즈의 교차점

이렇게 브랜드와 고객을 이어주는 연결고리인 콘셉트를 제대로 파악하고 활용해서 성공을 거둔 사례는 무수히 많다. 그렇다고 해서, 그 기업들의 콘셉트 전략이 모두 똑같았던 것은 결코 아니다. 특히 이미 대형 기업들이 선점하고 있는 시장에서 상대적으로 약한 기업들이 성공을 거두기 위해서 무엇보다 차별화된 콘셉트가 필요하다.

그 대표적인 사례로 네이버와 다음이라는 두 대형 포털 업체로 양분되었던 웹툰 시장에서 중소 업체인 레진엔터테인먼트가 유료 웹툰 플랫폼 '레진코믹스'를 출시해서 성공을 거두었다. 두 포털 업체는 거대 자본과 대형 플랫폼이라는 강점을 바탕으로 시장을 선점했는데, 레진 코믹스는 성인물이나 공포물과 같은 특정 장르 마니아들을 위한 콘셉트로 성공을 거둔 것이다.

레진코믹스는 '성숙한 독자들을 위한' 웹툰 서비스를 콘셉트로 거대 기업과 경쟁을 벌였다. 전체 웹툰의 20% 정도가 19금 아이콘을 단 성인 웹툰인데, 성인 웹툰은 거의 유료로 결제해야만 볼 수 있게 타겟 고객을 좁혔다. 10대보다 구매력이 높은 성인들을 대상으로 한 것이다.

특정 장르 마니아들을 위한 차별화된 콘셉트로 당시 포털 중심의 웹툰 업계에 유료 모델을 본격 도입하면서 틈새시장을 공략했다. 만약 같은 조건이나 기준으로 대적할 수 없다면, 상대에게는 없는 자신만의 특화된 점을 본격적인 콘셉트로 만드는 것이 경쟁력의 요체다

제품 자체의 기능이 아닌 그 기능을 고객이 왜 필요한지를 파고든 콘셉트로 성공한 사례도 있다. 이제는 집집마다 한 대씩 보유하고 있는 드럼 세탁기를 대표하는 브랜드가 바로 LG전자의 트롬이다. 통돌이 세탁기와 다른 장점들이 드럼 세탁기에 물론 있었지만, 정작 소비자들의 마음을 움직인 것은 바로 좋은 옷을

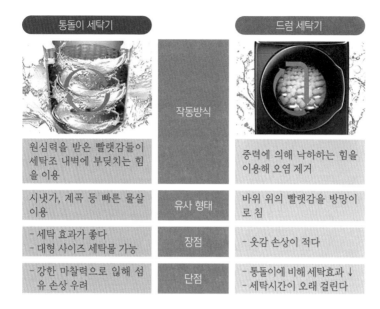

통돌이 세탁기		드럼 세탁기
	작동방식	
원심력을 받은 빨랫감들이 세탁조 내벽에 부딪치는 힘을 이용		중력에 의해 낙하하는 힘을 이용해 오염 제거
시냇가, 계곡 등 빠른 물살 이용	유사 형태	바위 위의 빨랫감을 방망이로 침
- 세탁 효과가 좋다 - 대형 사이즈 세탁물 가능	장점	- 옷감 손상이 적다
- 강한 마찰력으로 잃해 섬유 손상 우려	단점	- 통돌이에 비해 세탁효과 ↓ - 세탁시간이 오래 걸린다

오래도록 입고 싶다는 간단한 한 가지였던 것이다. 관점의 전환을 통해서 고객의 관심사에 집중한 콘셉트로 성공한 사례다.

콘셉션 매트릭스(*Conception Matrix*)

관심	Who are they? 우리 고객은 누구인가?	손빨래 대신 기계로 세탁을 하고 싶은 사람들
	Who are we? 우리는 무엇을 하는 사람들인가?	세탁기 제작/유통
관찰	How they feel? (What is issue?) 고객의 니즈와 원츠	세탁을 힘들이지 않고 빠르게 하는 것도 좋지만 옷감이 상하지 않았으면 좋겠다.
관점	What to do? 우리는 무엇을 해야 하는가?	세탁을 자동으로 빠르게 하면서도 옷감을 상하지 않도록 하는 기술이 적용된 세탁기 개발
관계	Why we are?(업의 존재 이유) 새로운 관점에서 고객과 관계 형성	깨끗하게 손상없이 세탁하는 LG 트롬 세탁기 ※ 좋은 옷을 깨끗하게 오래 입고 싶다는 새로운 관점에서 고객과 연결고리 형성

고객을 유혹하는 것은
상품이 아니라 콘셉트이다

우리가 일상생활에서 '콘셉트'라는 단어를 자주 사용한다. 실제로 콘셉트는 전략, 비전, 상품, 광고, 마케팅, 포지셔닝, 차별화 등 기업의 모든 것을 좌우할 만큼 비즈니스 현장에서 콘셉트를 빼놓고는 아무 것도 할 수 없을 만큼 콘셉트는 중요한 기술이 되었다.

콘셉트의 사전적 정의는 '개념'이지만, 콘셉트는 단순히 개념이 아니라 본질이고 특징이다. 콘셉트가 명확한 사람은 콘셉트가 강한 사람이고, 콘셉트가 명확하지 않은 사람은 콘셉트가 약한 사람이다. 콘셉트는 상대적인 개념이다. 말하자면 타사와 비교하여 특징이 뚜렷한 회사, 타인과 비교하여 색다른 사람은 콘셉트에 강하다고 할 수 있다.

콘셉트에서 차이는 대단히 중요하다. 예를 들어, 미국인은 일본인, 한국인, 중국인을 잘 구별하지 못한다. 그래서 할리우드 영화에는 기모노를 입은 동양인이 중화요리를 배달하거나 닌자 복장을 한 사람이 김치를 먹는 장면이 심심치 않게 나온다. 서양 관람객들이 동양인을 국가별로 구분할 수 있도록 의도적인 식별 장치를 영화에 심어 놓은 것이다.

콘셉트는 본질이기도 하지만 차이이기도 하다. 그렇기 때문에 콘셉트는 비교할 근거가 필요하다. 다시 말해 콘셉트는 상대적이므로 라이벌과의 차이에 따라 콘셉트의 예리함이 다르게 평가된다. 고객의 관심을 끄는 것은 상품이 아니라 차별화된 콘셉트이다.

당근 마켓이 경쟁사와 차별화된 콘셉트를 실현한 대표적인 사례다. 당근 마켓이 다른 중고 거래 앱과 근본적으로 다른 콘셉트를 도출할 수 있었던 가장 큰 요인은 그들이 중시하는 것이 '거래'가 아닌 '만남'이라는 데 있다. 당근 마켓의 사업 비전이 국내 최대 쇼핑몰이 아니라 강아지 산책을 대신 시켜 줄 동네 사람을 찾는 지역 플랫폼 구축이라는 데서 그 근거를 찾을 수 있다.

당근 마켓의 콘셉트는 '당신 근처의 따뜻한 직거래 앱'이다. 기존 택배거래가 중심이던 기존 중고 거래 앱과 다르게 '따뜻한 거래 하세요'라는 콘셉트를 앞세워 지역 주민과의 직거래로 기존

당신 근처의 당근마켓

상품 중심의 중고거래와 차별화하고 있다.

이웃과의 정감을 강조한 포인트는 마치 오리온의 초코파이의 정(情)이 연상 될 정도로 타겟 고객인 지역 주문들의 정서에 호소하면서 기존 중고거래 앱이나 플랫폼들과 차별화를 실현하고 있다.

콘셉션 매트릭스(Conception Matrix)

관심	Who are they? 우리 고객은 누구인가?	중고 상품을 거래하고 싶은 사람들
관심	Who are we? 우리는 무엇을 하는 사람들인가?	중고 거래 매칭 앱 제작/운영
관찰	How they feel? (What is issue?) 고객의 니즈와 원츠	중고품의 품질 상태를 확인한 후 거래하고 싶다.
관점	What to do? 우리는 무엇을 해야 하는가?	직접 만나서 사고 팔 수 있는 중고 거래 유형을 만들어서 제공
관계	Why we are?(업의 존재 이유) 새로운 관점에서 고객과 관계 형성	당신 근처의 따뜻한 직거래 앱 ※ 직접 만남이라는 코드와 중고거래를 결합시켜 새로운 관점에서 고객과 연결고리 형성

제2장
눈높이를 바꾸면 보인다

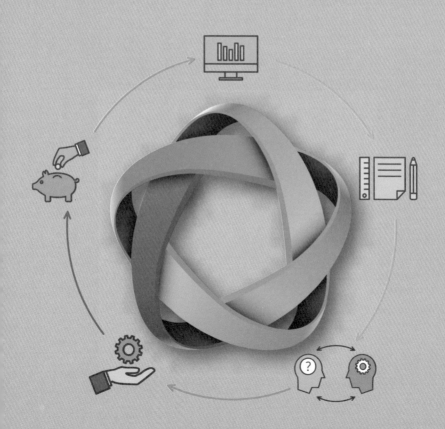

사람들의 생각과 세상을 바꾼 3대 사과

우리가 늘 대하는 어떤 사물이나 세계는 지각과 인식의 틀에 따라 다르게 보인다. 어떤 대상이든 저마다의 프레임을 통해 본다. 프레임이란 문제를 바라보는 관점, 사고의 틀이다.

관점은 당연한 것을 당연하게 생각하지 않아야 혁신이 일어난다. 사람들의 인식 체계와 세상을 바꾼 3대 사과로 아담과 이브의 사과, 뉴턴의 사과, 세잔의 사과가 널리 알려져 있다. 세상을 바꾼 사과들의 공통점은 기존의 패러다임을 뒤엎고, 새로운 세계를 활짝 열어주었다는 점이다.

아담과 이브가 사과를 따먹고 에덴동산에서 쫓겨나게 되면서 만물의 영장인 인류 역사가 시작됐다. 뉴턴은 나무에서 떨어지는 사과를 보고 만유인력을 발견했다. 세잔의 사과는 어느 방향에서 보던지, 어느 시간과 장소에서 보던지 동일한 모습을 유지하고 있어, 현대 미술이 시작된 계기가 되었다.

일본에서 가장 달고 맛있는 사과가 생산되는 아오모리 현에 태풍이 휩쓸고 가는 바람에 수확을 앞두고 있던 사과의 90%가 떨어지고 말았다. 정성을 담아 키운 사과들이 하루아침에 땅바닥에 내팽개쳐진 모습을 본 농부들은 깊은 고민에 빠졌다. 땅에 떨어진 90%의 낙과 대신, 여전히 나무에 매달린 10%의 사과를 다른 관점으로 바라보는 젊은 농부가 있었다.

사과 제철 수확기가 고등학교 3학년 수험생들이 대학 입시를 치르는 시기와 맞물려 있었다. 젊은 농부 거친 비바람에도 떨어지지 않은 사과에 '대입 합격 사과'라는 이름을 붙여 시장에 내놓았다. 금세 입소문을 타면서 합격 사과는 재고가 없어서 못 파는 귀한 상품이 되었다.

태풍으로 90%의 사과가 바닥에 떨어지고 세찬 비바람을 견뎌 낸 사과가 '대입 합격을 기원하는 행운의 사과'라는 콘셉트로 대박을 낸 요

모진 태풍을 견딘 대입합격 사과, 한 줄 콘셉트와 관점 전환의 힘
이미지 출처 : http://www.madtimes.org/

인은 관점의 전환 덕분이다. 관점을 전환하여 스토리를 입히면 사람들의 인식이 바뀌고 평소 가격보다 10배 비싼 사과를 구매하는 기적 같은 행동의 변화를 일으킨다.

　전화위복(轉禍爲福), 재앙이 바뀌어 오히려 복이 된 것은 한 줄 콘셉트의 힘이다. '모진 태풍을 견뎌낸 10%의 대입 합격 사과'라는 콘셉트 한 줄로 90%의 사과가 바닥에 떨어진 위기를, 태풍을 견딘 사과에 10배가 넘는 가격표를 붙여서 순식간에 팔아 비즈니스 기회로 선용했다.

콘셉션 매트릭스(Conception Matrix)

관심	Who are they? 우리 고객은 누구인가?	입시철에 불안하고 초조한 수험생과 학부모
	Who are we? 우리는 무엇을 하는 사람들인가?	사과 재배/유통 (과수원)
관찰	How they feel? (What is issue?) 고객의 니즈와 원츠	입시철 합격의 확신을 가져다 줄 상징물을 가지고 싶다.
관점	What to do? 우리는 무엇을 해야 하는가?	태풍에도 떨어지지 않은 사과를 대입 시험에 떨어지지 않을 확신을 주는 상징물로 둔갑시켜 수험생과 학부모에게 합격할 수 있다는 확신을 부여
관계	Why we are?(업의 존재 이유) 새로운 관점에서 고객과 관계 형성	모진 태풍을 견딘 대입 합격 사과 ※ 태풍을 견딘 사과와 경쟁을 견뎌내고 합격하고 싶은 고객 욕구를 매칭시켜 새로운 관점에서 고객과 연결고리 형성

하늘에서 떨어지는 샌드위치, 시선과 고정 관념 비틀기

사고의 유연성은 생각의 기초 단계인 사람이나 사물을 바라보는 방식을 바꾸는 것이다. 바라보는 시선의 방향이나 바라보는 각도를 바꾼다는 얘기다. 이는 특별한 수련 없이도 마음만 고쳐먹으면 가능한 일이다.

시선의 방향이나 각도의 전환은 관점의 전환, 사고의 전환으로 이어진다. 틀에 박힌 사고의 프레임을 깨고 생각하는 방식 자체를 바꿔 유연하고 융통성 있게 사고하는 것은 솔루션이 정해져 있지 않은 현실의 복합적인 상황에서 특히 중요하다.

창의적 사고의 대표적인 특성인 유일무이한 독창적 사고로 이어질 가능성이 크다는 점에서 의의가 있다. 하늘에서 내리는 눈처럼, '하늘에서 떨어지는 샌드위치'를 상상만이 아닌 현실의 대박 비즈니스로 구현하는 것이 물리적인 시선의 방향 선회와 관점 전환의 힘이다.

열악한 환경이나 조건에서 비즈니스를 하려면 사물을 다르게 보고 해석하는 관점 전환이 중요하다. 대체적으로 레스토랑이나 커피숍은 1층에 많이 개업을 하는데 당신이 만약 창업 자금이 많지 않아서 샌드위치 가게를 7층 꼭대기에 열게 된다면, 그 불리한 상황을 어떻게 극복할 것인가?

호주 멜버른에 '재플슈츠(Jafflechute)'라고 하는 샌드위치 전문점이 있는데, 건물 7층에 위치하는 바람에 고객들의 접근이 쉽지 않다는 맹점을 갖고 있었다. 그래서 고정 관념을 가진 일반 사람들은 '누가 7층까지 올라가서 샌드위치를 포장해서 내려오기나 하겠어?'라는 부정적인 의견을 내거나 의문을 제기할 수 있다. 그럴만한 이유가 있는 게 이 매장에는 심지어 의자나 테이블, 주문 받을 데스크를 설치할 만한 충분한 공간마저 없기 때문이다.

그런 악조건 하에서 '재플슈츠' 창업자들은 앞서 언급한 시선의 방향이나 각도의 전환이 관점의 전환, 사고의 전환으로 이어진다는 원리를 그대로 적용했다. 재플(Jaffle)은 호주에서 샌드위치를 의미하고, 슈츠(chute)는 낙하산을 뜻한다.

도대체 누가 1층에서 7층까지 올라가서 샌드위치를 포장하겠느냐는 시선과는 정반대로 '7층에서 1층으로 샌드위치를 포장해

샌드위치와 낙하하다의 합성어로 탄생한 재플슈츠
이미지 출처 : http://www.madtimes.org/

서 내리려면 어떻게 하면 될까'라는 방향으로 시선을 돌렸다. 말 그대로 물리적인 시선의 방향을 1층에서 7층이 아니라, 7층에서 1층으로 전환한 것이다.

물리적인 시선의 전환은 7층에서 1층으로 샌드위치를 고객들에게 전달할 것인가 하는 관점의 전환을 가져왔다. 이후 7층에서 낙하산으로 샌드위치를 1층으로 전달하는 아이디어를 낸 사고의 전환을 통해 '재플슈츠(Jafflechute)'라는 독특한 콘셉트의 샌드위치로 세계적인 명소로 각광을 받고 있다.

콘셉션 매트릭스(Conception Matrix)

관심	Who are they? 우리 고객은 누구인가?	샌드위치 소비자
	Who are we? 우리는 무엇을 하는 사람들인가?	샌드위치 제작/판매 업체
관찰	How they feel? (What is issue?) 고객의 니즈와 원츠	고객들은 1층에서 편리하게 샌드위치를 구매하고 싶다.
관점	What to do? 우리는 무엇을 해야 하는가?	7층의 열악한 매장위치를 역이용하여 고객에게 즐거움을 선사하며 샌드위치를 판매
관계	Why we are?(업의 존재 이유) 새로운 관점에서 고객과 관계 형성	낙하산으로 샌드위치를 판매하는 재플슈츠 ※ 7층에서 샌드위치를 낙하산을 이용하여 서비스함으로써 새로운 관점에서 고객과 연결고리 형성

한 겨울에 콜라, 관점 전환과 스토리의 힘

콘셉트란 고객의 관점을 바꿔 제품이나 서비스, 콘텐츠를 다르게 보이게 하는 그 무엇이다. 코카콜라의 경우 투명 병 속에 들어 있는 검은색 액체라는 물질의 성질이 바뀐 적은 없다. 동일한 내용물로 125년이 넘도록 글로벌 브랜드 1위를 고수하고 있다. 이런 기적을 가능하게 한 비결은 고객의 관점 전환에 있다.

코카콜라의 마케터들은 시대 변화 흐름에 맞춰 코카콜라를 바라보는 고객의 관점을 계속 바꿔준 것이다. '추운 겨울 누가 콜라를 사서 마시겠느냐?'는 관성에 젖은 사람들의 부정적인 고정관념을 거부하고 생생한 스토리를 기반으로 콜라 마시는 산타클로스를 탄생시켰다.

1920년대 당시 사람들은 코카 콜라를 더울 때 마시는 음료라고 생각했다. 이런 통념을 깨고 코카 콜라는 '겨울에도 상쾌하게 마실 수 있는 음료'라는 메시지를 전달하기 위해 선택한 것이 겨울의 상징 '산타클로스'였다.

크리스마스 시즌, 코카 콜라 광고에 등장한 산타클로스와 스프라이트 보이
출처 : https://www.coca-colajourney.co.kr

선드블롬이 이웃집 아이들과 강아지를 모델로 그린 그림
출처 : https://www.coca-colajourney.co.kr

　　사람들의 환상 속에 존재하는 붉은 망토를 입은 산타클로스와 코카콜라 브랜드 로고의 빨간색을 겹쳐서 추운 겨울에도 시원한 콜라의 알싸한 맛을 만끽할 수 있도록 새로운 관점으로 고객들의 인식을 바꾼 것이다.

　　코카 콜라에 의해 재창조된 산타클로스는 이제 코카 콜라만의 산타클로스가 아니라, '세계인의 산타클로스'로 자리 잡으며 크리스마스의 대표적인 상징이 되었다.

　　추운 겨울에는 지인들과 따뜻한 커피나 코코아를 마실 거라는 상식과 고정관념을 깨뜨리고 차가운 날씨에도 콜라를 즐길 수 있다는 생각으로 그 방향을 180도 바꿀 수 있는 힘, 그것이 관점 전환의 힘이다.

콘셉션 매트릭스(*Conception Matrix*)

관심	Who are they? 우리 고객은 누구인가?	물 이외의 음료수 소비자
	Who are we? 우리는 무엇을 하는 사람들인가?	탄산음료 제작/유통
관찰	How they feel? (What is issue?) 고객의 니즈와 원츠	겨울이라고 꼭 따뜻한 음료수만 마시라는 법은 없지만, 그러면 겨울에는 어떤 음료수를 마시는 것이 좋을까?
관점	What to do? 우리는 무엇을 해야 하는가?	겨울철에도 차가운 음료를 마실 수 있도록 소비자의 관점 전환
관계	Why we are?(업의 존재 이유) 새로운 관점에서 고객과 관계 형성	산타클로스처럼 겨울에도 상쾌하게 코카콜라를 마시자. ※ 더운 여름 날 주로 마시는 콜라이지만 산타클로스라는 존재를 통해 겨울에도 마시고 싶은 마음이 들도록 새로운 관점에서 고객과 연결고리 형성

관점 전환 트레이닝

    광고업계에 몸을 담고 있거나 그렇지 않더라도 시의 내용적인 측면을 중심으로 주제를 바꿔서 기존 유명 시를 패러디하는 과정을 통해 자연스럽게 관점 전환 연습을 할 수 있다.

    장정일의 시는 작가가 밝히고 있듯이, 김춘수의 〈꽃〉을 패러디한 작품이다. 〈꽃〉을 패러디(parody)하여 재창작함으로써 원작과는 다른, 작가의 독특한 관점을 표현한 작품이다. 작가는 원작인 〈꽃〉의 의미를 뒤집어 현대 사회의 인스턴트 방식의 사랑을 표현하고 있다.

    장정일의 시는 리듬이나 가락, 즉 시의 형식적인 부분은 거의 김춘수의 작품과 동일하다. 내용 측면에서 새로운 관점으로 기존 시를 재해석하고, 자신만의 주제로 시의 분위기와 의미를 바

꾸어 화자들과의 관계를 기존 '꽃' 콘셉트에서 '라디오' 콘셉트로
전환하고 있다.

내가 그의 이름을 불러 주기 전에는

그는 다만

하나의 몸짓에 지나지 않았다

내가 그의 이름을 불러 주었을 때

그는 나에게로 와서

꽃이 되었다

내가 그의 이름을 불러 준 것처럼

나의 이 빛깔과 향기(香氣)에 알맞은

누가 나의 이름을 불러다오.

그에게로 가서

나도

그의 꽃이 되고 싶다

우리들은 모두

무엇이 되고 싶다.

너는 나에게 나는 너에게

잊혀지지 않는 하나의 눈짓이 되고 싶다

김춘수, 〈꽃〉, 《김춘수 전집》(도서출판 문장)

68

관점 전환 트레이닝

내가 단추를 눌러 주기 전에는

그는 다만

하나의 라디오에 지나지 않았다

내가 그의 단추를 눌러 주었을 때

그는 나에게로 와서

전파가 되었다.

내가 그의 단추를 눌러 준 것처럼

누가 와서 나의

굳어 버린 핏줄기와 황량한 가슴속 버튼을 눌러 다오

그에게로 가서

나도

그의 전파가 되고 싶다

우리들은 모두

사랑이 되고 싶다

끄고 싶을 때 끄고 커고 싶을 때 켤 수 있는

라디오가 되고 싶다

장정일, 〈라디오같이 사랑을 끄고 켤 수 있다면〉,

《길 안에서의 택시 잡기》*(민음사)*

새로운 콘셉트를 만든다는 것이 기존의 것들을 재해석하고 자신만의 독특한 생각을 융합해서 만드는 과정이기에 시의 패러디 연습이 관점 전환 트레이닝에 효과적이다.

독자들 중에 혹여 필자가 패러디 시범도 안 보여주고 권유만 한다고 이야기할 수도 있다. 시는 서로 주고받는 맛이 있어야하기에 〈콘셉트〉라는 주제 의식을 살려 시 한 편 선사한다.

내가 너를 '콘셉트'라 부르기 전에는
너는 다만
하나의 막연한 느낌에 지나지 않았다

내가 너를 '콘셉트'라고 불러주었을 때
너는 나에게로 와서
사랑이 되었다.

내가 너를 '유니크 콘셉트'라 불러준 것처럼
나의 이 마음과 성격에 알맞는
누가 나를 '콘셉트 B'라 불러다오

그에게로 가서
나도 그의 '콘셉트 X'가 되고 싶다.

우리들은 모두

무엇이 되고 싶다.

나는 너에게 너는 나에게

영원히 잊지 못할

소중한 '의미'로 남고 싶다.

시의 패러디의 방법에 감이 잡히지 않는 독자들을 위해 복잡한 이론으로 설득하는 것보다 많은 사람들이 공감한 시 패러디 방법을 공유하니 꼭 한번 시도해 보시기 바란다. 내용은 주제가 연관되면 좋고, 구조(형식)은 유사하게, 가능하면 글자 수도 비슷하게 하는 것이 좋다.

 국어시간에 시 패러디 하는 수행평가 인데 시와 유사한 내용으로 만들어야 하는건가요? 아니면 아예 다르게 바꿔야 하는걸까요?

≡ 국어, 한문

비공개 · 2021.03.26 · 조회수 2,866

A 2개   채택순 ∨   전체보기 ∨   최적 원문

 물에 비친 달님 답변 👤
태양신 · 채택답변수 5,106 · 받은감사수 35 · 한국사67위, 대학공부31위, 도덕, 윤리6위   질문자채택

패러디는 흉내, 모방의 의미이므로 시를 흉내내거나 모방하라는 말이지요. 형식을 흉내내거나 내용을 모방하거나 하는 과정이 필요 하겠지요 ~^^♡♡

#문제풀이

🔖 지식iN 교육기부 참여로 작성된 답변입니다.

한편 기존 시를 재해석하고 자신만의 시를 쓴다는 것 자체가 부담이 되는 독자들을 위해 중학생들도 할 수 있는 일이라는 증거(?)를 제시한다.

증거(?)의 신뢰도 향상을 위해 시에 일부 오타가 있지만, 중학생들 간에 묻고 답한 과정임을 강조하기 위해서 〈네이버 지식인〉의 콘텐츠 그대로 공유한다.

 돌담에 속삭이는 햇발 시 패러디

돌담에 속삭이는 햇발
김영랑

돌담에 속삭이는 햇발같이
풀 아래 웃음짓는 샘물같이
내 마음 고요히 고운 봄 길 위에
오늘 하루 하늘을 우러르고 싶다.

새악시 볼에 떠 오는 부끄럼같이
시의 가슴에 살포시 젖는 물결같이
보드레한 에메랄드 얇게 흐르는
실비단 하늘을 바라보고 싶다.

===================================

위에 시를 패러디해주세요
주제는 친구 인데

어떻게 해야할지를 전혀 모르겠어요 ㅠㅁ-

복한거같지 않게 자기가 직접한거같이좀 부탁 ㄱ-..
중학생입니다 ㄱ-;

ㅌ 국어, 한문

설월 · 2006.10.29 · 조회수 5,504

askf**님 답변**
초수 · 채택답변수 51

한겨울 따스한 이불 속 같이
한여름 시원한 에어콘 같이
나의 행동 내 친구 마음의
편안한 쉼터가 되고 싶다.

초봄 피어나는 개나리같이
초가을 물드는 단풍같이
친구의 마음을 눈빛으로 아는
가장친한 친구이고싶다.

아마 선생님이 ~같이 ~같이 ~~고싶다
이형태를 유지하면서 쓰라는 소리 같네요.
음... 제가 썼답니다.(저도 중학생이에요)
이정도면... 그냥 지나쳐 주실껄요.
에- 못쓴것 알아요...
그냥 잘 봐주세요.
출처 제 머리랍니다.ㅜㅜ

2006년이면 까마득한 과거라서 당시에는 시적 감수성이 그나마 남아 있던 시절이니까 가능했을 거라며 시 패러디를 망설이는 독자들을 위해 최근의 패러디 사례를 공유한다.

시인이 되라고 강요하거나, 시인이 되자고 권유하는 게 아니다. 콘셉트 도출에 효과적인 관점 전환 연습을 하자는 것이다.

원시
꽃가루와 같이 부드러운 고양이의 털에
고운 봄의 향기가 어리우도다

금방울과 같이 호동그란 고양이의 눈에
미친 봄의 불길이 흐르도다

고요히 다물은 고양이의 입술에
포근한 봄 졸음이 떠돌아라

날카롭게 쭉 뻗은 고양이의 수염에
푸른 봄의 생기가 뛰놀아라

패러디 작품
꽃송이와 같이 아름다운 그대의 얼굴에
어두운 봄의 악취가 어리우도다

옥구슬과 같이 영롱하던 그대의 눈에
미친 봄의 저주가 흐르도다

무심하게 다문 그대의 입술에
무서운 봄 화살이 날아가리라

태산같은 믿음직한 나의 품에
안길 때 그대의 평화가 안전하리라

* 사랑하는 사람에게 보내는 연서 패러디 *^^*
제가 금방 썼으니 완벽하지 않습니다.

의미부여 트레이닝

판매하는 상품을 통해 가치를 제공하는 것이 마케팅의 기본이다. 제공되는 가치가 제대로 고객에게 전달되지 않으면 아무리 좋은 상품이나 콘텐츠를 만들어도 의미가 없다. 제품에 어울리는 제품명, 즉 네이밍(naming)의 개념과 짓는 방식에 주의를 기울일 필요가 있다. 독특하면서 고객에게 어필하는 네이밍(naming)은 다른 제품에 비해 대박날 확률이 높아질 수 있다.

다음 등장하는 〈꽃의 또 다른 패러디〉는 김춘수의 〈꽃〉을 필자가 또 다른 관점에서 패러디한 작품이다. 사물이나 대상에 이름을 붙여주고 의미 부여를 하는 그 순간, 무의미한 존재가 본연의 모습을 드러낸다. 우리는 이를 업계 용어로 브랜드 네이밍(brand naming)이라고 한다.

'호랑이는 죽어서 가죽을 남기고, 사람은 죽어서 명성을 남긴다.'

《오대사(五代史)》 중 <왕언장전>

무의미한 존재였던 대상이 명명(命名)과 인식의 과정을 통해 의미 있는 존재로 변화하고, 이후 '나'와 '너'의 상호 인식과 교류를 통해 관계가 '우리'로 확장된다. 이러한 일련의 과정이 고객을 대상으로 한 브랜드 포지셔닝(brand positioning)이다.

'브랜드는 살아서 의미를 남긴다.' by 이세훈

<꽃의 또 다른 패러디> 시의 구성과 브랜딩의 연관성

제1연 : 무의미한 존재(인식 전)

제2연 : 의미있는 존재(인식 후)→ 브랜드 네이밍

제3연 : '나'의 정체성(identity)을 확인 받고 싶은 존재

제4연 : 관계의 확장 → 브랜드 포지셔닝

꽃의 또 다른 패러디

이세훈

내가 그의 이름을 불러 주기 전에는

그는 다만

드러낼 순간을 기다리는 기다림

그것에 지나지 않았다.

내가 그의 이름을 불렀을 때

그는 곧 나에게로 와서

내가 부른 이름대로 모습을 드러냈다.

내가 그의 이름을 불렀을 때

그는 곧 내게로 와서

풀, 꽃, 시멘트, 길이 아닌

사랑, 추억, 이별 등이 아닌

보통명사나 추상명사가 아닌

또 다른 의미의 틀을 만들었다.

우리들은 모두

명명하고 싶어 했다.

너는 나에게 나는 너에게.

그리고 그는 그대로 의미의 틀이 완성되면

다시 본연의 모습이 될 그 순간

그리고 기다림 그것이 되었다.

모든 사물과 사람과 동물, 식물들도 각자 이름이 있다. 이름은 존재에 대해 특별한 의미를 부여하고 주변 사람이나 사물들과 구별하고 그들로 하여금 인식(認識)케 하는 작용을 한다. 존재는 곧 이름이고 이름은 곧 존재의 근거이기도 하다. 아기의 이름을 짓는다는 것은 곧 한 소중한 생명체를 사회적인 존재로서 인격을 부여하는 위대한 작업이다.

성명학(姓名學)에서는 '부르기 쉽고 뜻도 좋으며 사주를 보완하고 오행과 수리에 맞는 이름이 좋은 이름'이라고 한다. 사람에게 중요한 이름에 철학적 의미를 부여하고 출세하여 본인의 성공과 행복은 물론이고 가문의 영광을 더 빛내 주길 기원했다.

사람에게 각자 고유한 이름이 있듯이, 고객들에게 편익과 만족을 주는 제품이나 서비스, 콘텐츠 등에도 고유한 이름이 있다. 브랜드 이름을 짓는 마케터들도 자식에게 좋은 이름을 지어주는 부모의 마음으로 새로운 제품, 서비스, 콘텐츠에 걸맞는 브랜드 네이밍(brand naming)에 공을 들인다.

이름 짓는 행위를 통해 그 대상이 의미 있는 존재가 되고, 작명자와 대상 그리고 지어진 이름과 그 의미가 주변 사람(고객)들에게 널리 알려지고 고객들의 뇌와 세포 속에 스며들 수 있도록 하는 것이 브랜드 차별화 전략이다.

나에서 너로, 너에서 우리로 관계의 범위가 확대되고, 확장된 범위 그 이상으로 중요한 것은 고객들의 기억 속에 오래오래 남아야 한다는 점이다.

제3장

논리와 감성의 경계를 깨라

콘셉트, 한 마디면 충분하다

　군더더기가 많은 보고서, 클릭할 마음이 생기지 않게 하는 메일, 별다른 흥미가 생기지 않는 블로그, 제품의 매력이 돋보이지 않는 광고. 이들의 문제점은 무엇일까? 다양한 이유가 있겠지만 사람들의 마음을 한순간에 사로잡을 수 있는 핵심 포인트가 없다는 것이다. 너무 바쁜 현대인들, 이제는 단 한 줄로 승부하는 것이 대세다.

　헝클어진 머릿속 생각을 한 줄로 압축하면 풀리지 않는 문제를 해결하는 돌파구를 찾을 수 있다. 한 줄로 정리한 한마디는 창의적인 발상의 실마리가 된다. 이제 한 줄은 나를 알리고 상품을 광고하는 비즈니스 수단이다. 세상 사람들과 대화하고 소통할 수 있는 커뮤니케이션 방법이다.

무한 경쟁의 비즈니스 세계는 고객들의 눈과 귀를 쉴 새 없이 파고드는 언어의 전쟁터다. 한 마디로 관심을 끌지 못하면 경쟁에서 밀려나고, 꽂히는 한 문장으로 설득하지 못하면 고객들의 기억 속에서 금세 사라진다. 기업의 슬로건, 기획서 첫 줄, 광고 카피, 프레젠테이션의 결론은 한 줄이다.

콘셉트부터 네이밍, 기발한 카피에서 꽂히는 멘트까지 한 마디면 충분하다. 본질은 군더더기 없이 단순하다. 단순함이 고객들의 마음을 움직인다. 고객은 정보가 많을수록 혼란스럽다. 당연히 선택은 어려워진다. 예상과는 달리 고객은 합리적으로 판단하지 않는다. 오히려 직감적이고 감성적인 판단을 선호한다.

한 맹인이 길거리에 앉아서 구걸을 하고 있었다. 그의 앞에는 한 푯말이 있었고, "나는 맹인입니다."라고 적혀 있었다. 사람들은 그 맹인을 외면하고 지나갔다. 이를 안타깝게 본 한 시인은 맹인 앞에 있는 푯말의 뒷면에 새로운 말을 적어 넣었다. "이제 곧 **봄이 오지만, 나는 앞을 볼 수 없습니다.**" 그러자 신기한 일이 일어났다. 지나가던 사람들이 하나 둘 그 맹인에게 돈을 주었던 것이다. 한 줄의 위력이 사람들의 마음을 움직이고, 행동을 이끌어냈던 것이다.

고객에게 충분한 정보를 제공한다는 미명하에, 자신상품이나 콘텐츠에 대해 자신이 하고 싶은 말을 많이 할수록 고객의 지갑은 열리지 않는다. 과감히 생략하고 딱 잘라서 한마디로 정리해서 내세워야 한다.

모든 이야기에는 상대방에게 꼭 전달하고 싶은 하나의 메시지가 있기 마련이다. 말을 잘하는 사람은 어휘력이 좋은 사람이 아니라 불필요한 내용을 잘 덜어내는 사람이다. 불필요한 미사여구를 제거하고, 핵심 메시지를 전달할 수 있는 한 문장으로 정리하는 기술이 필요하다.

알리고자 하는 것이 무엇이든 의도는 달라도 한 줄의 문장을 만들어내는 과정은 비슷하다. 머릿속에서 맴도는 생각을 한 줄로 압축하고, 정리하면 된다.

누구라도 완벽한 무에서 유를 창조한다는 건 거의 불가능하다. 기존의 것들에서 더하거나 빼고, 조합하고, 재해석하거나 재배치하고, 개념을 확장해서 덧씌우고, 다른 방식으로 포장하면 새로운 것을 만들 수 있다. 하늘 아래 없다는 새로운 것을 만드는 방법 중 하나다.

《한 줄로 승부하라》는 누군가의 마음을 사로잡기 위해 쓰여지는 메일, 보고서, 기획서, 리포터, 기사, 리뷰, 광고카피 등에서 한 줄 승부를 하기 위한 33가지 실전 글쓰기 법칙을 소개한다.

아래 한 문장으로 핵심 메시지를 전달하는 법칙을 참고하여 자신만의 한 줄 콘셉트를 표현하는 트레이닝을 시작하라. 이건 어디까지나 연습이고 워밍업이다.

1. **호명의 법칙** : 이 글을 읽어야 할 사람의 직업이나 특징을 글 첫머리에 넣어라.

   예시 중소기업 사장님, 아이디어가 없으면 연락주세요.

2. **처음의 법칙** : 사람들은 처음을 기억한다. 처음의 중요성을 강조하라.

   예시 우리 아기가 처음 만나는 동화책은 무엇이 좋을까?

3. **일등의 법칙** : 누구나 일등이 되고 싶어 한다. 일등의 가치를 강조하라.

   예시 일등 주식을 사라. 그리고 기다려라.

4. **경쟁의 법칙** : 사람들의 경쟁심을 자극하는 문장을 만들어라.

   예시 경쟁회사는 벌써 해외 지사가 5군데입니다.

5. **이기심의 법칙** : 이기심을 자극하면 사람들이 관심을 갖는다.

   예시 재혼은 좀 더 확실하게 하세요.

6. **결과의 법칙** : 시작이 아니라 결과를 미리 알려주어라. 그러면 마음이 움직인다.

   예시 일본어 공부 6개월 후 일본 아가씨와 데이트를 하는 당신

7. **마지막 법칙** : 마지막이라는 표현은 사람들의 조바심을 자극한다.

   예시 양평으로 가는 길목의 마지막 주유소

8. **숫자의 법칙** : 숫자가 들어가면 의미가 확실해진다.

    예시 99%의 노력과 1%의 영감.

9. **중의의 법칙** : 특히 젊은이들은 중의법 문장에 관심을 갖는다.

    예시 화장실은 사고(思考) 다발지역

10. **위협의 법칙** : 은근히 겁을 주면 끝까지 읽어보게 한다.

    예시 당신의 그날, 남자의 코는 의외로 예민하다.

11. **색깔의 법칙** : 문장에 색깔의 의미를 담아 표현하라.

    예시 초록색 식탁을 꾸며보세요.

12. **비유의 법칙** : 은유·직유법을 활용하면 문장이 풍부해진다.

    예시 얼음같이 차가운 이성과 불꽃같이 뜨거운 감성으로

13. **속도의 법칙** : 고객들은 늘 빠른 결과를 기다린다.

    예시 저희가 너무 기다리게 하면 지점장을 찾아주십시오.

14. **시간의 법칙** : 시간의 개념의 문장에 도입하면 강조의 효과

    예시 저희 제품 이름을 잊으려면 100년은 걸립니다.

15. **기간의 법칙** : 기간을 제시하라. 그러면 감이 확실히 잡힌다.

    예시 지나온 50년 다가올 50년

16. **사계절마다 독특한 감성이 있다. 그걸 활용하라.**

    예시 겨울이 우리에게 물을 것이다. 여름에 뭐 했느냐고.

17. **요일의 법칙** : 일주일의 요일마다 가지는 특성을 강조하라.

    예시 일요일의 인간인가? 월요일의 인간인가?

18. **역사의 법칙** : 역사속의 이야기를 문장에 삽입하면 의미가 달라진다.

> (예시) 이 기획서는 계륵의 가치밖에 없다.

19. **줄임의 법칙** : 바쁜 세상, 뻔한 것은 요약하여 표현하라.

> (예시) PM2 대회의실

20. **의성어 법칙** : 의성어는 글의 양념이다.

> (예시) 아삭아삭 상쾌한 식품세미나

21. **의태어 법칙** : 서술로 표현하지 못하는 미묘한 느낌을 의태어로 표현하라.

> (예시) 어슬렁어슬렁 마케팅 전략

22. **기호의 법칙** : 기호는 쉽고 강하게 전달하는 힘이 있다.

> (예시) ♪♪♪ 기분 좋은 판매전략.

23. **애칭의 법칙** : 애칭은 문장에 호감을 갖게 한다.

> (예시) 마린보이(박태환)처럼 기업의 체력을 길러야 합니다.

24. **패러디의 법칙** : 패러디는 재미있는 문장을 만든다.

> (예시) 우리 회사는 더이상 김선달이 아니다.

25. **충고의 법칙** : 상대방을 위하는 충고를 하라.

> (예시) 수리로 시간을 허비하느니 차라리 새 차로 바꾸는 게 낫습니다.

26. **명령의 법칙** : 명령형 문장은 사람을 움직이게 하는 힘이 있다.

> (예시) 아시아의 미래를 알고 싶으면 중국으로 가보라.

27. **질문의 법칙** : 질문을 하면 더 관심을 갖는다.

    예시 당신의 펀드는 안녕하십니까?

28. **역설의 법칙** : 역설로 표현하면 오히려 더 강조하는 맛이 생긴다.

    예시 요란한 침묵이 시작된다.

29. **반복의 법칙** : 반복하면 리듬감이 생겨 문장이 탄력을 가진다.

    예시 우리 지점은 월화수목금금금

30. **동사의 법칙** : 명사형보다 동사형 문장은 더 설득적이다.

    예시 웃어라. 고객에게는 그게 인사다.

31. **드라마의 법칙** : 누구나 드라마를 좋아한다. 이를 도입하라.

    예시 좋아하는 사람이 생겨서 예뻐진 것 같다.

32. **외국어의 법칙** : 적당한 외국어는 세련미를 준다.

    예시 봉쥬르. 프랑스식 아침을 드실 때는 이렇게 인사해 보세요.

33. **글자체의 법칙** : 글자체의 변화를 통해 의미전달을 빠르게 할 수 있다.

    예시 왜 중소기업들은 **쓰러지는가?**

자신의 생각을 한 마디로 표현하기

'내가 하고 싶은 말은 한 마디로 뭘까?'

콘셉트를 표현해야 하는 입장에 놓인 사람들은 평소에 어떤 생각을 할까? 그들은 늘 화두로 생각을 멈추지 않을 것이다.

멋진 한 줄 콘셉트를 쓰고 싶은 사람은 평소에 본 것, 들은 것, 읽은 것, 느낀 것을 열심히 메모해서 자신만의 문장의 보물 창고를 만들어야 한다. 가슴에 와닿은 문장들을 모아야 한다. 그것이 콘셉트 라이터의 일인 동시에 무한 경쟁 시장에서 콘셉트 라이터로 살아남을 수 있는 비결이다. 실제로 대부분의 콘셉트 라이터들은 늘 작은 노트를 가지고 다닌다. 콘셉트 라이터에게 콘셉트 노트는 고난도 게임에 참가할 때 꼭 챙겨야 할 필사의 아이템인 셈이다.

에이스 침대의 '침대는 과학이다.' 강력한 카피 한 마디가 마케팅에서 카피라이터의 역할이 얼마나 중요한지를 보여주는 대표적인 사례다.

초등학교 저학년 시험문제에 '가구가 아닌 것을 고르라?'는 문제가 나왔다. 대부분의 학생들이 보기에 '냉장고'가 있음에도 불구하고 '침대'를 답으로 골랐다는 일화는 한 줄 카피의 힘이 얼마나 대단한지 알 수 있는 대목이다.

이처럼 광고 카피는 곧 하고 싶은 말을 한 가지 언어로 압축하여 표현하는 것이다. 상황에 따라 내용과 방법은 다양하게 변형이 가능하다. 가장 중요한 건 강력한 한 마디의 광고 카피처럼 나에게 필요한 콘셉트의 표현 방식이 무엇인지를 아는 것이다.

다른 사람의 멋진 문장을 살짝 변형해서 자신의 것으로 재창조하는 과정을 '오마주' 혹은 '패러디'라고 한다. 오마주(hommage)는 불어로 존경, 경의를 의미한다. 영화를 제작할 때 후배 감독이 선배 감독의 위대한 작품을 추억하기 위해 영화 속 주요 씬(scene)이나 대사를 인용하는 것을 말한다.

패러디(Parody)는 특정 작품의 소재나 작가의 문체를 모방해서 익살스럽게 표현하는 기법을 말한다. 오마주와 패러디를 잘 활용하여 자신만의 콘셉트를 멋지게 표현할 수 있다. 정호승 시인의 '외로우니까 사람이다'를 응용하여, 김난도 교수의 '아프니까 청춘이다'로 변형하는 방식이 '패러디'의 좋은 사례가 될 수 있다.

다음으로 일본 손정의 회장이 전자사전을 발명한 방식에서 착안한 효과적인 콘셉트 표현 기법이 있다. 손정의 회장은 청년 시절부터 하루에 한 개씩 발명할 것을 결심하고, 빈 메모지에 생각나는 단어나 문장부터 무작위로 쓰기 시작한다. 그 후에 커다란 박스에 메모지를 넣고 하루에 두 장씩을 뽑아, 그 두 개의 단어를 결합해서 새로운 발명품을 기획했다고 한다. 그런 과정을 통해 탄생한 대표적인 상품이 바로 전자사전이었다.

《올댓 카피》에서 저자는 손정의 회장의 전자 사전 발명 스토리에 착안해서 '낯선 단어끼리 이어보기'라는 트레이닝 방법을 제시했다. 포스트잇을 활용해서 포스트잇에 한 단어를 적고, 그 것을 모아서 연결시켜 보는 방법이다. 한 줄 멋진 문장을 만드는 순서는 다음과 같다.

1. 포스트잇에 무작위로 단어를 적어본다.
2. 연관성이 가까운 순서대로 나열해본다.
3. 가장 멀리 있는 두 단어를 연결해 새로운 문장을 만든다.
4. 만들어진 문장에 대한 근거를 적어본다.

그가 4단계를 통해 만들어진 주옥같은 한 줄 문장들이 다음 카피들이다.

펜은 칼보다 강하다 (파커)

즐거움에는 힘이 있다 (CJ)

여자의 변신은 무죄 (금강 르느와르)

봄은 빨강이다 (신세계 백화점)

재미있는 쇼핑리스트 (신세계 백화점)

부엌의 퍼스트 클래스 (에넥스)

옷차림도 전략입니다 (트루젠)

광고, 콘셉트 표현의 교과서

'광고는 언어의 비즈니스이다. 그런데 광고대행사에는 글을 쓰지 못하는 사람들이 있다. 카피도 쓰지 못하고, 기획서도 쓰지 못한다. 메트로폴리탄 오페라(Metropolitan Opera) 무대에 선 몸치나 음치처럼 안타깝다.'

데이비드 오길비(David Ogilvy)

문학의 한 장르인 시(詩)와 상업적인 광고의 표현법은 일맥상통한다. 시와 광고가 서로 영향을 주며 또 다른 의미로 해석되어 독자나 고객들에게 공유되고 공감을 불러일으키기 때문이다. 앞장에서 관점 전환 연습으로 활용한 시의 패러디 기법이 광고의 표현에도 활용된다는 점이다.

콘셉트를 표현하기 위한 효과적인 학습 재료로서 광고의 속성인 '언어의 비즈니스라'는 관점에서 표현법이 유사한 시(詩)를 연결시켜 이야기를 전개하고자 한다.

눈만 뜨면 어디서나 접할 수 있는 광고는 마치 카멜레온 같다. 누구에게는 생업이고, 다른 이에게는 눈요기 거리지만 동시에 의미 있는 콘텐츠가 된다. 콘셉트 표현을 위한 학습의 대상이 되기도 한다. 바로 광고를 또 다른 관점에서 해석하고 자신의 분야에 적용하려는 사람들에게 말이다.

전문 학자들은 자신들의 세부 전공에 따라 광고를 마케팅 혹은 대내외 고객과 커뮤니케이션이라는 관점에서 접근한다. 한편 고객들은 라이프 스타일(life style)의 일부, 더 나아가 하나의 문화 현상으로 받아들이고 있다. '시대를 반영하는 쇼윈도' 등의 수식어가 있을 만큼 광고는 이미 시대와 함께 트렌드를 만들기도 하고, 그 트렌드에 다시 영향을 받는 위치에 놓여 있다.

이렇듯 광고를 트렌드의 한 축으로 볼 때 다양한 문화 요소와 라이프 스타일의 유형이 그 안에 공존한다. 일반 대중과 프리미엄, 웨스턴(western)과 이스턴(eastern), 남성과 여성 같은 이분법적 구분에서 벗어나 디자인, 애니메이션, 뮤직, 각종 멀티미디어, 문학 등 장르별로 다양한 형식으로 표출될 수 있다.

광고 카피와 시(詩)의 표현법은 하나의 맥락으로 연결될 수 있다. 시는 유사 이래 우리가 사랑한 문학의 한 분야다. 시를 잘 써야 과거시험에 합격해서 고위 관직에 오를 수 있었다. 당시에 공부를 한다는 것은 시를 탐독하는 것이고, 글쓰기의 대부분은 시를 쓰는 거나 마찬가지였다. 심지어 유흥을 할 때도, 힙합의 라임(rhyme)을 맞추듯이 시조의 끝자리를 맞춰 시조를 주거니 받거니 했다. 고위 관료 서경덕과 기생 황진이도 시조를 주고받으며 여흥을 즐겼다. 요즘 말로 고위 공무원, 고시생, 유흥업소 종사자 막론하고 시인의 감성을 가지고 표현했던 것이다.

콘셉트를 제대로 표현하기 위해 시를 활용한 연습을 하는 데 부담을 덜어주기 위해 우리 민족의 DNA속에 시에 대한 감성이 스며들어 있음을 강조한다. 다시 한 번 말하지만 시인이 되자는 게 아니다.

시인들이 이미 구축해 놓은 시의 고유한 구조와 형식에 콘셉트나 주제에 맞게 단어나 문장을 교체하는 '언어유희'를 시도해 보자는 것이다. 시인들이 위대한 영감으로 차려 놓은 잔치상에 감사하는 마음으로 초대받은 사람으로서 살짝 숟가락을 얹는다고 생각하라.

'광고는 문학의 밥이기만 한 것이 아니라 넉넉함으로 인해 대중문화의 동업자인 문학에(시예) 든든한 밥줄 노릇을 한다.'

동의대 이현우 교수

상업적인 광고가 시라는 문학 장르에, 그와 반대로 시도 광고에 영향을 주고받는다. 광고의 표현은 시를 모방하고 노래의 가사를 따라하면서 발전해왔다. 여전히 그 패턴은 반복되고 있다. 시의 일부를, 때로는 시의 전부를 인용하거나 살짝 비틀어 사용한다.

김춘수의 〈꽃〉을 '삼성 프린터 포토 S' 광고에서 패러디하고 있다. 사랑한다면 이름을 불러주는 시의 표현법을 응용하여 사랑하면 그 대상의 이미지를 프린트하라는 형식으로 패러디 한 것이다. 콘셉트를 표현하는 데 있어 시의 어구가 광고의 또 다른 형식으로 전환될 수 있음을 알고,

패러디 기법을 적용해 볼 이유가 여기에 있다.

광고 카피와 시의 상관관계

'광고 카피 한 줄이 예전에 사람들에게 읽혀지던 시 한 수의 힘을 감당할 것이다. 그러므로 카피 한 줄을 쓰더라도 그것이 사람들에게 어떤 영향을 끼칠까 심사숙고하기 바란다.'

청록파 시인 혜산(兮山) 박두진

최근에 자기계발의 대세가 독서에서 글쓰기로 전환되었다. 자기계발하는 사람들이 거의 모두 글 쓰는 작가나 사진작가라는 착각이 들만큼 나름 뭔가 열심히 쓰고 인생 샷들을 찍어 올린다. 페이스북에, 카카오톡에, 이메일에 순간순간 스쳐간 자신의 생각을 글로 쓰거나 이미지로 표현하고 있다.

그러면서도 바쁜 일상으로 차분히 앉아서 시 한 편을 음미하거나 책 한 권을 읽기에도 어려운 시절이다. 인풋이 부족한 상태에서 막상 기획서나 보고서로 아웃풋할 때도, 웬만큼 강력하지 않은 콘셉트나 글로는 상사나 고객들의 마음을 열기 어렵다. 멋진 글 한 줄로 상대의 마음을 열어 관심을 붙들어 놓을 수 있는 방법은 없을까?

21세기 디지털 시대의 구독자들은 더이상 긴 콘텐츠를 선호하지 않는다. 인터넷과 소셜 미디어 매체나 플랫폼들이 콘텐츠의 길이를 대폭 줄여버렸기 때문이다. 대표적인 예로, 2006년에 등장한 트위터는 140자라는 간략한 콘텐츠로 빠르게 확산하는 저력을 보여주며 대성공을 거두었다.

간결한 콘텐츠가 빠르게 확산되는 트렌드가 디지털 미디어 기술로 확산일로를 걷고 있다. 여기에 MZ세대(밀레니얼세대, 1980년대 초부터 2000년 사이에 출생한 세대와 Z세대, 1990년대 중반에서 2000년대 초반에 걸쳐 태어난 세대)가 콘텐츠 소비자의 주류층으로 등장하면서 그런 현상이 가속화되고 있다.

특히 MZ세대는 멀티 플레이로 동시에 여러 일을 처리하는 디지털 환경에 익숙하다. 새로운 트렌드에 대한 민감도나 수용성도 뛰어나 짧은 시간에 빠르게 콘텐츠를 소비하는 데 익숙하다.

예를 들어, '시처럼 보이는 시 쓰기'가 유행이다. 글의 길이가 짧다고 전부 시는 아니지만, 그 와중에 위트 넘치는 시도 꽤 있다. 부끄러워 감추고 싶은 모습을 적나라하게 드러내 공감을 얻기도 한다. 감각적이면서도 그 중 일부는 말초신경을 자극하는 짧은 글이 흘러넘치는 시대다.

'시밤, 시 로, 서울 시...'

'도입부터 헐, 욕지거리에 비속어냐?'고 오해하기 십상이다. '시밤은 시를 읽는 밤' '시로는 시로 위로받기' '서울 시'는 서울 사는 도시인의 심경을 담은 시'이기 때문이다. 하상욱 페이스 북 시인이 초기에 펴낸 시집들이다. 장난삼아 던지는 '아재개그'로 치부하거나 그냥 웃고 넘기기에는 독자들, 특히 20~30대 MZ 세대들의 호응이 열광적이었다.

이걸 시라고 해야 하나, 언어유희라고 해야 하나? 하상욱 시인의 시는 그 경계가 모호하다. 시를 읽고 나면 저절로 손뼉을 치며 '아하, 이런 깊은 뜻이' 하고 의미를 이해하게 될 때가 많다.

마치 광고 카피처럼 귀에 착착 감기는 감각적인 리듬과 간단명료한 시어는 읽는 재미까지 선사한다. 그 이면에는 유쾌, 상쾌, 통쾌하면서도 진지하게 현실을 풍자하는, 예리한 관찰력이 자리잡고 있다.

광고의 콘셉트를 표현하는 한 줄 카피와 시는 여러 가지 공통점을 공유하고 있다. 분야를 막론하고 콘셉트는 독자와 고객을 상대로 트렌드를 반영하고 고객의 니즈(needs)와 원츠(wants)를 해결해 줄 수 있는 독특한 솔루션을 이미지와 비유를 사용한 짧은 문장으로 핵심 메시지를 전달한다.

광고의 콘셉트를 표현하는 한 줄 카피와 시의 여러 가지 공통점이 광고 카피와 시적인 표현 연습을 통해 자신만의 차별화된 콘셉트 표현 트레이닝이 가능한 이유이다.

광고 카피와 시의 공통점

1. 독자와 고객을 대상으로 메시지를 전한다.
2. 이미지와 비유를 사용한다.
3. 시대를 반영한다.
4. 짧을수록 좋다.
5. 새로움을 추구한다.
6. 대중의 심리에 연관되어 있다.

광고 카피와 시의 차이점

1. 상업성과 문학성의 차이
2. 표현의 한계 있는 광고 카피와 자유로운 시
3. 광고는 후원자가 있고, 시는 후원자 없이도 가능
4. 시는 시간과 공간을 초월, 광고는 시간과 공간의 한계
5. 평가 시점 차이 : 광고는 즉시, 시는 장기적
6. 시는 텍스트가 한정적, 광고는 다양한 매체 활용

상대의 마음을 흔드는 건 다 카피다

21세기 디지털 영상 시대에도 활자의 중요성은 여전하다. 유튜브, 틱톡 등 영상이 대세이긴 하지만 여전히 언어로 감성을 팔아야 하는 시대이기도 하다. 유튜브를 구독하는 데 결정적인 작용을 하는 것이 바로 작은 썸네일이기 때문이기도 하다.

'광고 카피만 카피랴. 남의 마음을 흔드는 건 다 카피다.'

28년차 카피라이터이자 다국적 광고회사 TBWA에서 크리에이티브 담당 임원을 거쳐 농심기획의 대표이사를 맡고 있는 이원홍 씨는 '광고 카피의 어머니는 시로서 시와 카피는 같은 감성에서 출발해서 시는 목적으로 카피는 수단으로 다른 옷을 갈아

입었을 뿐'이라고 말한다.

글이나 말로 감성을 팔아야 하는 시대에 광고 카피의 중요성은 점점 더해가고 있다. 비록 광고 카피가 비지니스 성과 향상을 위한 마케팅 활동이지만 예술로서 고유한 감성을 동시에 내포하고 있다.

짧지만 강력한 카피 한 줄로 기업의 이미지를 바꿀 수 있고, 제품의 가치를 향상시킬 수도 있기 때문이다. 그와 동시에 광고 카피 한 줄이 사람들의 마음속에 포근한 감성으로 심겨져 사회 분위기도 훈훈한 감성으로 채워질 수 있다.

정현종 시인의 '사람들 사이에 섬이 있다. 그 섬에 가고 싶다'를 어떻게 광고 카피로 전환해서 고객들에게 따뜻하고 차별화된 메시지를 전달할 수 있을까?

현대 백화점은 '사람들 사이의 섬이 되고 싶습니다.'라는 광

섬

정현종

사람들 사이에 섬이 있다
그 섬에 가고 싶다

고 카피로 고객들의 감성을 파고들었다. 사람들 사이에 물리적인 섬이 존재하지 않지만 사람들 사이를 연결시켜 주는 추상적인 매개체로서 섬이라는 포근한 이미지를 활용한 것이다.

시적인 풍부한 감성과 따뜻한 이미지로 고객에게 다가가고 싶은 목적을 달성하기 위해 현대백화점은 시를 패러디한 광고 카피를 채택한 것이다.

여기서 시를 활용한 콘셉트 표현 패러디 연습을 해보자.

사람들 사이에 (   )이 있다.
나는 그 (   )에 가고 싶다.

이 괄호에 한 글자로 된 단어를 넣어 봄으로써, 시적인 감수성을 담은 한 줄 콘셉트 표현을 트레이닝할 수 있다. 아무리 좋은 콘셉트가 머릿속을 떠다닌다 해도 한 줄로 표현하지 못하면 도루묵이다. 구슬이 서말이라도 꿰어야 보배다.

지금 펜을 들어 괄호에 한 단어를 채워봄으로써 한 줄 콘셉트의 중요성을 실감 할 수 있다. 한 글자의 성격이나 의미에 따라 가고 싶다는 구절은 수정해도 무방하다. 예를 들어,

사람들 사이에 길이 있다.
나는 그 길을 거닐고 싶다.

막상 괄호에 한 글자를 채워도 시적 감수성이 느껴지지 않는가? 그런 의문이나 고민을 잠시 내려놓기 바란다. 우리는 지금 시인이 되는 연습을 하는 게 아니다. 머릿속에 떠도는 생각이나 아이디어를 유명한 시의 프레임에 맞춰 한 줄 콘셉트를 쓰는 연습을 하는 것이다.

마지막 단계에서 '사람들 사이에 길이 있다.'는 문장을 포털 검색창에 입력해보라. 어울리는 이미지를 찾거나 혹여 그 한 문장으로 광고나 책이나 그 외 다양한 콘텐츠의 콘셉트 한 줄이나 제목으로 사용되고 있을 수도 있다. 시를 패러디한 문장과 일치해도 좋고, 그렇지 않더라도 무방하다.

'사람들 사이에 섬이 있다'라는 한 줄 콘셉트을 '사람들 사이에 길이 있다.'로 패러디하고 이를 검색 포털에 확인한 결과 동일의 제목의 수필집이 출간된 것을 알 수 있다. '사람들 사이에 길이 있다.'라는 수필집의 소개 문구는 다음과 같다.

'사람들 사이엔 애초부터 길이 있다. 마음과 마음을 잇는 보이지 않는 길이 있었다. 세 사람의 아름답고 옹골진 이야기가 담긴 이 수필집은 글쓰기에 대한 꿈들을 오래 간직해온 사

람들의 따뜻한 글쓰기가 빛나는 문집이다.'

'사람들 사이엔 애초부터 길이 있다. 마음과 마음을 잇는 보이지
않는 길이 있었다.'

이 소개 문구에 '섬'이라는 원작의 한 단어로 표현해 봐도 어
색하지 않다. 상식의 세계에서는 '섬'과 '길'은 분명 다른 물리적
실체이다. 확연하게 그 의미와 이미지가 다른 실체를 표현하는
단어를 바꿔 써도 어색하지 않은 이유가 있다. 사람들 사이에 보
이지 않는 그 무엇이 존재할 거라는 시인의 기발한 발상과 시인
이 구축한 문장의 구조가 탄탄하기 때문이다.

'사람들 사이엔 애초부터 섬이 있다. 마음과 마음을 잇는 보이지
않는 섬이 있었다.'

위대한 시인들의 상상력과 감수성에 바탕을 둔 시적 표현의 고
유한 구조에 기대어 마치 시인처럼 멋진 한 줄 콘셉트나 콘텐츠의
제목을 써 볼 수 있는 것, 그것이 패러디의 묘미이자 힘이다.

때로 시인도 광고 카피를 훔친다

'광고는 시의 영역이다. 광고는 시어로 말한다. 광고는 시를 연출
한다.'

프랑스 시인 블레즈 상드라르(*Blaise Cendrars*)

사람들과 공감을 지향하며 창의적인 소통을 추구한다는 면
에서 시와 카피는 닮아있다. 함축된 언어로 한 마디로 갈음하는
콘셉트 표현에 광고와 시가 유용한 이유이기도 하다.

시는 주로 사람들의 환상과 감정을 자극하며 글과 이미지로
독자들과 공감을 불러일으킨다. 광고 카피도 고객들의 욕구를
자극하며 제품의 속성을 강조하는 차별화된 메시지를 만들어내
그들의 마음을 훔친다.

한편 시는 독자들의 감성을 자극하는 비영리에 가까운 예술 활동이다. 광고 카피를 쓰는 일은 고객의 소비 욕구를 유도하는 영리적인 글쓰기라는 측면에서 차이를 보인다. 광고 카피와 시는 공통점도 있고 분명 차이점도 있다.

그럼에도 본질적으로 상상력을 촉발하고 상대방의 감정에 호소하여 결국 타인의 마음속에 전달하고자 의도하는 한 줄 거부할 수 없는 메시지를 심는다는 점에서 궤를 같이한다. 시가 광고를, 광고가 시를 어떻게 패러디하는지 그 원리를 알고 실제 연습해봄으로써 자신의 생각이나 아이디어를 한 줄 콘셉트로 표현할 수 있는 역량을 쌓아가는 것이 중요하다.

시가 광고 카피에 차용된 사례와 다르게 광고 카피가 시 속에 사용된 케이스도 제법 있다. 광고가 일종의 대중적인 문화 현상으로 고객들의 일상에 반영되어 그들의 라이프 스타일에 영향을 미치고 있음을 알 수 있는 대목이다. 시를 창작할 때 한 줄 카피나 광고의 독특한 표현의 기술을 차용해도 어색하지 않은 이유이기도 하다.

독일 베를린의 아티스트이자 카파라이터인 비욘 루만(*Bjorn Ruhmannd*) 구두 슈발리에(*CHEVALIER*)의 광고 카피이다.

'단조로운 것은 生의 노래를 잠들게 한다.

머무르는 것은 生의 언어를 침묵하게 한다.

人生이란 그저 살아가는 짧은 무엇이 아닌 것.

문득-스쳐 지나가는 눈길에도 기쁨이 넘치나니

가끔은 주목받는 生이고 싶다.

CHEVALIER '

시인 오규원은 시를 창작할 때 광고 카피를 차용함으로써 살짝 돌려서 현대인의 소비 행태를 비판했다. 자본주의 시대의 시로서 광고를 풍자한 내용으로만 보기에는 시인은 마음 한 구석에 광고를 향한 호감을 숨겨 둔듯하다. 그도 그럴만한 게 거의 그대로 옮겨 작품의 일부로 만든 시가 탄생했다. 광고가 시의 재료가 되고 영감의 모티브가 되었다. '가끔은 주목받는 생이고 싶다'라는 부분을 시집의 제목으로 차용했다. 광고로 연상되는 이미지를 시적 표현으로 형상화하고, 광고 카피를 시의 언어로 변모시켰다.

선언 또는 광고 문안

단조로운 것은 生의 노래를 잠들게 한다

머무르는 것은 生의 언어를 침묵하게 한다

人生이란 그저 살아가는 짧은 무엇이 아닌 것

제3장 눈리와 감성의 경계를 깨라

문득—스쳐 지나가는 눈길에도 기쁨이 넘치나니
가끔은 주목받는 生이고 싶다—CHEVALIER

어느 분야에서나 콘셉트가 중요한 건 누구나 아는 일이다. 손
에 잡히지 않는 콘셉트를 표현할 때 광고가 시를, 시가 광고를 어
떻게 차용해서 자신이 어필하고 싶은 주제나 콘텐츠를 표현했는
지 보고 적용할 수 있는 감(感)을 조금씩 잡아가기 바란다.

'진정한 광고 거장들은 언제나 시인이었다. 그들은 사실을 발판으
로 도약해 상상과 아이디어의 세계로 비상했다.'

광고인 윌리엄 번벅(William Bernbach)

제4장
콘텐츠의 보고, 유튜브

유튜브 자체의 핵심 콘셉트

유튜브 자체의 핵심 컨셉은 누구나 유튜브 공간과 채널에서 크리에이터가 될 수 있다는 점이다. 이런 이유로 점점 많은 사람들이 자발적으로 양질의 동영상을 업로드하기 시작했고, 그로 인해 새롭고 흥미진진한 동영상들이 속속 등장했다. 기업들은 이 상황에서 광고의 수익 배분, 잠재 고객들이 플랫폼에 접근하기 쉬운 인터페이스 재조정, 광고 없이 거부감을 최소화하고 동영상 시청이 가능한 제품 판매에 주력하는 추세다.

유튜브라는 동영상 온라인 콘텐츠 유통 플랫폼을 통해서 발생하는 파급효과는 엄청나다. 이제는 거의 실시간으로 소통할 수 있는 거대한 공간이 형성되어, 정치와 경제 문제에 대한 토론과 논의 또한 활발하게 이루어지고 있다. 유튜브 채널 삼프로TV

등의 대담이 유튜브 선거 콘텐츠로 유래 없는 주목을 받으며 대선 후보 지지율에도 영향을 미쳤다는 분석이 나올 정도이다.

일부 의견이긴 하지만 기존 언론과 비교하며 유튜브 삼프로TV가 '나라를 구했다'는 무용담까지 회자되는 상황이다. 단순히 웃고 즐기는 동영상 콘텐츠의 차원을 넘어, 공인들의 투명성 제고가 중요시 되고, 더욱 더 살기 좋은 사회로의 발전에 견인차 역할도 하고 있다.

동시에 유튜브에서는 업로드 하는 동영상 외에도 라이브 스트리밍을 적용해 아프리카TV, 트위치 등 다른 경쟁 기업에서 제공하는 실시간 생방송 기능과 후원 기능을 추가 적용해 한 단계 업 그레이드 됐다.

CJ ENM 1인 창작자 지원사업 다이아 티비(DIA TV)가 DIA페스티벌을 통해 구독자들이 만나길 원하는 유튜브 스트리머들과의 축제를 벌여 잠재 고객들의 니즈 또한 충족시켰다. 올해로 5회 째 열리는 다이아 페스티벌은 아시아 최대 규모의 1인 콘텐츠 크리에이터, 인플루언서 축제로 이번 페스티벌은 SK텔레콤의 메타버스 서비스

'ifland^(이프랜드)'와 협업해 비대면으로 개최되었다.

앞으로도 더욱 유튜브는 확장될 것이며, 소비자가 공급자가 되는 선순환 시스템을 통해 그 자체로 계속 자가 발전과 더불어 기업자체에서의 혁신 또한 이뤄 낼 것으로 전망된다.

유튜브라는 동영상 온라인 콘텐츠 유통 플랫폼이 지속적으로 형성되고 유지되기 위해서는 구독자, 잠재고객, 공급자 등 이해관계자들이 플랫폼에 방문할 수 있도록 핵심 콘텐츠 유통을 통해 매력도가 높은 플랫폼 콘셉트를 구축해야 한다는 점이다.

다양한 분야의 여러 가지 콘텐츠가 이해관계자들의 방문 빈도를 높일 수는 있지만, 그 핵심이 되는 킬러 콘텐츠가 없다면 유튜브 플랫폼의 정체성이 모호해진다. 유입을 유도하는 킬러 콘텐츠를 중심으로 매력적인 플랫폼 콘셉트를 구축할 필요가 있다.

또 다른 조건은 고객 재방문 비율을 높이기 위해 경험 만족도를 제고하고, 플랫폼 안에서 의외의 재미를 느낄 수 있도록 플랫폼 자체가 계속 진화하고, 일상의 혁신을 거듭해야 한다. 하루가 멀다 하고 잠재 고객들의 관심사와 니즈가 급변하는 시대에 좋은 플랫폼을 구축했다고 하더라도, 새로운 개발과 혁신을 통해 고객의 관심을 사로잡지 못한다면 금세 도태 되고 만다.

유튜브는 기존 SNS들이 단순한 인맥 관리에 중점을 둔 것과는 달리 정보와 뉴스, 콘텐츠를 생산, 유통하고 추천하면서 정치,

경제, 사회적으로 막강한 영향력을 행사하는 소셜 미디어로 진화하고 있다. 거기다가 전체적인 온라인의 트렌드가 소셜화 하면서 이제는 온라인 소셜 시대를 열어 가고 있다.

유튜브에서는 인터넷을 활용하는 모든 사람들이 자신이 만든 동영상을 업로드 할 수 있게 함으로써, 유저인 동시에 공급자가 되는 플랫폼을 구축했다. 사람들은 텍스트로 된 정보보다 받아들이기 편한 영상으로 된 정보를 더 선호하며, 이제는 책마저 유튜브를 통해 영상으로 볼 수 있는 시대가 되었다.

개인이나 기업의 입장에서 자신만의 독특한 콘셉트로 차별화된 콘텐츠를 생산할 수 있는 채널을 구축한다면, 다양한 방식으로 사업화할 수 있는 기회의 땅이 유튜브다.

유튜브 전성시대, 먹히는 콘셉트

해외 셀럽들은 더 이상 공중파 '연예가 중계'에 출연하지 않는다. 한국에 거주하는 영국 유튜버와 함께 한국 맛집을 탐방하고 먹으러 다니며 자신의 일거수일투족을 노출한다. 한국 축구 대표팀의 중요한 경기가 있어도 사람들은 더 이상 공중파 TV를 켜지 않는다. 대신 모니터 앞에서 BJ 감스트와 함께 치킨을 먹으며 뜨거운 키보드 응원을 펼친다.

BJ 감스트는 아프리카TV BJ 대상에서 버라이어티, 스포츠, 게임 부문을 비롯하여 분야를 넘나들며 수년간 대상을 차지했다. 총 수상 횟수 6회로, 현재까지 역대 아프리카TV BJ 대상 최다 수상자이다. 또한 인터넷 방송인 출신으로서 공중파 TV 방송에 성공적으로 진출한 경험이 있는 몇 안 되는 인물 중 한 명이다.

BJ 감스트의 역사를 담은 영상

2018년 MBC 방송연예대상 신인상을 강다니엘과 공동 수상했는데, 이는 최초의 사례이면서 지금까지도 유일한 인터넷 방송인 출신 인물의 지상파 연예대상 시상식 수상이기도 하다. 단순 인터넷 방송인을 넘어서 준 인기 연예인 대우까지 받는 등 커리어는 이 때 정점을 찍었다.

종합하자면 감스트는 대한민국 인터넷 방송계에서 인기 연예인에 준하는 성공적인 커리어와 탄탄한 입지를 구축한 방송인으로 봐도 무방하다.

'감스트'는 첫 공중파 이후, 태도에 대해 피드백이 들어오자 방송이 끝난 그 다음 날 바로 사과 방송을 올렸다. 덕분에 문제가 더 커지지 않고 감스트의 소통 능력도 주목받을 수 있었다. 그와는 반대로, 구독자들의 피드백을 수용하지 않아서 구독자가 무려 20만명 이상 떨어져 나간 경우도 있었다.

이런 가공할 만한 인터넷 방송들의 파급력에 힘입어 유튜브도 공중파의 대안을 넘어 새로운 채널로 각광 받고 있다. 유튜브의 영향력이 날로 커져서 초등학생들의 장래희망 1순위는 유튜버고, 직장인들도 투잡으로 유튜브를 하면서 월급 이상의 수익을 벌고 있다는 소문이 심심찮게 들려온다. 이쯤 되면 유튜브를 하지 않는 게 시대의 흐름에 뒤처지는 기분마저 든다.

어느 날 큰 마음을 먹고 촬영 장비에 지름신을 내려, 유튜브 채널을 개설한다. 지인들에게 부탁해서 구독자 수를 늘리고, 가는 곳마다 촬영 장비를 들고 '브이로그' 콘셉트로 일상을 업로드한다. 최근에 잘 나가는 유튜버들의 트렌드를 따라 해보기도 한다. 한 달이 지나도 구독자 수는 제자리걸음이다. 영상들의 조회수는 바닥을 치고 있다. 음, 한 마디로 '폭망' 수준이다.

대부분 사람들이 이 시점에서 유튜버로서 콘텐츠 크리에이터의 꿈을 딱 접어버린다. 당초부터 잘못된 방향으로 시작한 것을 모르는 경우가 허다하다. 이 지점에서 고민해야 할 것은 '누구처럼 가면이나 복면을 써야하나?'라는 엉뚱한 질문이 아니다.

독자들도 눈치챘겠지만 이 지점에서 고민 포인트는 유튜브 채널 콘셉트를 처음부터 닥치고, 무조건 확실하게 잡은 후에 유튜브 채널을 시작해야 한다는 점이다.

메뉴가 수십 개씩 있는 분식집이나 김밥천국을 가보고 대부분의 사람들은 최애 맛집이라고 추천하지 않는다. 유튜브도 마찬가지 원리가 적용된다. 대충 이것저것 비빔밥으로 하다가는 아무런 개성이나 특색이 드러나지 않는다. 그냥 소리 소문 없이 묻히고 만다. 다른 채널과는 확연하게 다른 '그 무엇'이 필요하다. 그 무엇을 한 마디로 **'차별화된 콘셉트'**라고 한다.

한국 사람이 한국 문화 체험을 하면 그냥 개인적인 체험으로 치부되고, 다른 사람들의 관심을 끌지 못한다. 의외의 인물이 한국 문화를 체험하는 영상을 보여주어야 **'보암직한 그 무엇'**이 될 수 있다. 다른 채널과는 확연하게 다른 **'차이'**가 필요하다.

'확연하게 다른 차이'라고 하면, 언뜻 유명한 연예인이나 셀럽들을 떠 올리기 마련이다. 틀린 생각은 아니다. 그렇다고 누구나 연예인이 될 수도 없고, 그럴 필요도 없다. 다른 채널과 확연하게 다른 차이라고 해서 거창한 대안이나 아이디어를 떠 올리느라 미리 좌절하거나 포기 할 필요가 없다.

차별화된 콘셉트는 상황에 따라 다르긴 하지만, 소소해 보이지만 한 끗 차이로 판가름 나기도 한다는 점을 기억하라. 이 지점에서 필요한 것이 필자가 누누이 강조한 **'관점의 전환'**이다. 관점의 전환을 통해 한 마디로 표현하는 것이 중요하다.

외국인의 관점으로 한국 문화를 체험하는 **'영국남자'**를 보자. 대표적인 유튜버 '영국남자'도 한국의 문화를 영국인들에게 소

영국남자 채널

개해준다는 콘셉트로 구독자들의 관심을 사로잡았다. 하나의 주제를 잡은 후 관점의 전환을 통해 차별화 포인트를 잡으면 된다. 어찌 보면 사소해 보이는 일상 콘텐츠를 자신만의 콘셉트로 꾸준하게 업로드하다 보면 기회가 찾아온다.

영국남자도 영화 어벤저스의 유명 배우들과 한국 음식을 체험하는 경지에 오를 수 있었다. 454만 명 수준의 구독자 증가로 인한 수수료와 광고 수입 외에도 구독자들을 대상으로 모자를 판매하는 제품 유통 플랫폼의 기능도 겸하는 비즈니스 플랫폼으로 진화하고 있다.

유튜브 채널, 퍼스널 콘셉트의 실험장

'대한민국의 디즈니를 꿈꾼다'라는 비전을 제시하고 스토리텔링하는 유튜버 킴닥스. 그녀는 2013년부터 한국을 넘어 세계적인 영상제작자를 목표로 유튜브로 활동을 시작했고, 웹무비를 만들어 영화감독으로 데뷔를 한다. 다른 유튜버들처럼 뷰티 콘텐츠와 일상 콘텐츠도 업로드 하지만 일련의 과정이 커리어를 자신의 유튜브 채널에 차곡차곡 쌓아가는 것으로 보인다.

유튜브 채널을 자신의 비전을 이루기 위한 포트폴리오로 만드는 셈이다.

자신의 비전에 대한 확고한 신념을 밝힌 것처럼 영화나 다큐멘터리를 만들어서 올리는 등 그에 상응하는 결과물들은 킴닥스의 영화 감독으로서 퍼스널 콘셉트, 아이덴티티(identity)를 유지하

"뷰티, 일상 그리고 그 이상" 킴닥스 입니다.

오늘도 제 채널에 와주셔서 감사합니다♥
요즘 유튜브가 제 일상의 중요한 일부분이 되었어요.
삶의 전부라 생각하면 즐기지 못할 것 같아서,
여러분과 함께 하는 이 공간을 앞으로도 제게 가장 소중한 공간으로 여기려고 합니다.

앞으로도 저는 어디로 튈지 모르는(ㅋㅋ)
재미있는 여행을 떠날 거예요.
같이 간다고 생각해도 될까요?ㅎㅎ

구독스여서 좋은 일이 앞으로도, 앞으로 더 많을 거예요♥

우리 구독으로 인연 맺어요 :)

[영화 언정]●한국판 디즈니 영화 "Fairytale in Life" inspired by DISNEY(당신의 삶속에 동화를, director KIMDAX 2017 | 최초의 웹무비)

KIMDAX킴닥스 ●
구독자 44.3만명

조회수 225만회 5년 전 #민어공주 #피노키오 #Frozen
안녕하세요 여러분 킴닥스 입니다 :)

작년 7개월 동안 저와 저희 크루들, 스텝들이 열심히 제작한 'Fairytale in Life' 입니다. 영화진흥위원회에서 정식으로 영화로 인정 받았고 지난 6월에 300여분과 함께 메가박스 코엑스점에서 시사회도 더보기

댓글 3,223개   정렬 기준

킴닥스에서 제작한 웹무비 〈Fairytale in Life〉

고 강화하고 있다. 유튜브 채널이 킴닥스의 영화 감독으로서 그
녀의 퍼스널 콘셉트, 아이덴티티를 유지하고 강화하는 수단이자
표현 방식이다.

경험이나 재능을 콘셉트화한 사례
- 어썸하은, 메이트리

어느 분야를 막론하고 기존의 것과 차별화된 콘셉트를 설정하고 콘텐츠를 만들어 내는 것은 여전히 풀리지 않는 숙제다. 이와 마찬가지로 유튜브 채널 콘셉트나 주제 선정이 어렵다면, 처음 보는 친구들과 노래방을 같이 갔다고 가정해 보자.

지인들과 노래방에 가면 대부분 오랫동안 불러왔던 애창곡 18번을 예약하기 마련이다. 지금껏 한 번도 부르지 않았던 이 달의 신곡을 부르는 갑자기 부르는 사람은 드물다. 차별화된 콘셉트라고 해서 지금까지 경험이나 재능을 버리라는 의미가 아니다.

유튜브 채널 어썸하은의 구독자 수는 현재 520만 명의 구독자를 보유하고 있고, 한국 유튜브 채널 중 13위를 기록하고 있다. 채널에서 꾸준히 댄스커버 영상을 올리며 크리에이터로도 활발히 활동하고 있다. 12세 소녀가 K-pop 아이돌 춤을 능숙하게 커버해서 전 세계적으로 화제가 되었다. 2018년 업로드한 커버 댄스 영상이 7,550만 뷰를 기록하고 있다.

다이아 TV에서도 활동 중인 것으로 알려졌으며, 국내/해외 출연 경력도 많은 편이다. 어썸하은의 계정을 구독하는 사람들은 K-pop에 관심이 있는 사람들이다.

남성 아이돌 그룹 원어스의 곡 〈발키리〉를 하은과 같이 퍼포먼스한 영상을 어썸하은 채널에 업로드함으로써, K-pop에 흥미를 가진 1,888만여 명에게 원어스를 노출시켰다. 화려한 퍼포먼스와 실력을 앞세운 그룹인 만큼 타 채널의 게스트로 나와 토크

나하은 (Na Haeun) - 2018 멜론 뮤직 어워드 베스트 댄스 후보 소개 댄스 (2018 Melon Music Awards Best Dance Nominees Dance)
조회수 7550만회 • 4년 전
[Awesome Haeun]어썸하은 ✔
안녕하세요 여러분~♡ 올해도 하은이가 멜론 뮤직 어워드에 나왔는데 멜뮤에서 하은이 보신분 손!♡♡ 올해도 감사하게도 초대 ...

[LIVE ONEUS] EP.6 원어스(ONEUS) X 어썸하은 Collaboration BEHIND #1
조회수 1991만회 • 3년 전
ONEUS ♪
[LIVE ONEUS] EP.6 원어스(ONEUS) X 어썸하은 Collaboration BEHIND #1 Listen and download : Spotify: https://spoti.fi/2Ft6a8e ...
자막

나하은 (Na Haeun) X 원어스 (ONEUS) - 발키리 (Valkyrie) Dance Cover
조회수 1888만회 • 3년 전
[Awesome Haeun]어썸하은 ✔
유료광고포함 #나하은 #원어스 #ONEUS #발키리 #valkyrie #콜라보 #collaboration #cover #dance #레이븐 #이도 #서호 #시온 ...

댄스커버 영상으로 승부하는 어썸하은

를 하는 것 보다 댄스 채널에서 퍼포먼스를 노출시킨 전략이 더 효과적으로 적용한 사례로 손꼽힌다.

메이트리는 2000년 결성되어 2006년에 데뷔해 활동 중인 대한민국의 아카펠라 그룹이다. 대학교 아카펠라 동아리에서 시작했으며 리더 장상인이 2000년 멤버를 모아 결성했다. 결성 당시는 6인조였으며 이후 여러 번 멤버 교체를 거치다가 현재의 5인조가 되었다고 한다.

아카펠라 그룹은 가요계에서 주류로 각광받는 장르가 아니다. 그들은 5인조 멤버로 기존 방식대로 아카펠라 장르를 노래에만 집중하지 않고, 각종 효과음이나 Back Ground Music 사운드 등을 아카펠라로 표현하고 유튜브에 올리기 시작했다.

2021년 2월부터 유튜브 채널에 올린 윈도우, 아이폰, 갤럭시

드라마 〈오징어게임〉 사운드트랙을 커버한 아카펠라 팀 메이트리

같은 것들의 효과음들이나 게임이나 드라마, 영화등의 수많은 Back Ground Music 사운드 등의 아카펠라 영상이 알고리즘을 통해 인지도가 점점 높아지며 해외에서 인기가 많아져 해외 유입이 많이 들어오고 있다. 아메리카 갓 탤런트, 프랑스 갓 탤런트 등 외국 유명 방송에서도 러브콜이 오고 있다

오징어 게임의 흥행에 힘입어, 오징어 게임에서 등장한 음악을 커버한 영상은 단 2주 만에 4,500만 조회수를 달성했다. 이는 아이폰 효과음 영상보다 1.5배나 높은 조회 수이다. 게다가 10일 만에 100만명의 구독자를 끌어 모아 현재 구독자 544만명을 달성했다. 조회수 상승 추이도 줄어들지 않아. 11억 회를 기록하면서 팀의 지명도도 높아졌다.

권영훈을 제외한 모든 멤버가 음악 전공이 아니라고 한다. 장상인은 화학, 강수경은 건축학, 임수연은 과학교육, 김원종은 컴퓨터통신 전공이다. 실력파 아카펠라 그룹답게 각 멤버들의 성대모사 개인기도 뛰어나다.

전통적인 아카페라 그룹과 달리 노래의 화음에만 집중하는 기존 문법을 과감하게 깨트렸다. 자신들의 음악적인 재능이나 개인기를 바탕으로 '세계 최초 Back Ground Music 전문 아카펠라'라는 컨셉을 새롭게 설정했다. 그리고, 일반 음원이 아닌 유튜브라는 미디어 수단을 선택해 전달 효과를 극대화함으로써 파급력을 제고한 성공 사례이다.

일상 소재를 콘셉트화한 사례
- 예씨, 룰루랄라

자매 유튜버 **예씨**(*yessii*)는 언니 리니와 동생 지니가 같이 운영하는 유튜브 채널이다. 에너지 넘치는 자매들의 다양한 콘텐츠로 인기를 얻고 있다. 현실적인 자매의 일상생활을 담은 영상으로 사랑 받고 있으며 'OOO **아르바이트를 해봤습니다!**' 시리즈는 이 채널에서 인기 있는 콘텐츠 중 하나이다. 모스버거 알바 체험 영상은 181만 회를 기록했다.

스튜디오 룰루랄라는 룰루랄라 뷰티, 룰루랄라 뮤직 등 여러 개의 채널을 동시에 운영하는 대형 채널이다. 구독자들의 연애 고민을 받아 만화 형태로 바꿔서 고민을 소개하고 해결해주는 '은밀한 연애고민의 모든 것 〈뽀나나의 은밀한 고민툰〉'과 길에

8년만에 카페 아르바이트를 다시 해봤습니다..! 과연 카페 알바생은 어떤 일을 할까?!
[예씨 yessii]
조회수 101만회 · 3년 전
예씨 yessii
이 영상은 카페 휴무날 구독자분들을 초대하여 촬영 되었습니다 여러분 오늘은 예자매의 카페 아르바이트 vlog 영상입니다 8년만에...

모스버거에서 아르바이트를 해봤습니다!!! 과연 햄버거 집 알바생은 어떤 일을 할까?!
[예씨 yessii]
조회수 181만회 · 4년 전
예씨 yessii
이 영상은 모스버거 유료광고 영상입니다 여러분 오늘은 모스버거에서 밀떡 아르바이트를 했던 예자매의 알바체험 영상입니다!

키가 작아 슬픈 여자의 배스킨라빈스 아이스크림 아르바이트..!
조회수 33만회 · 11개월 전
예씨 yessii
여러분 오늘은 키자니아에가서 밀떡 배스킨라빈스 아르바이트를 한 영상입니다! * 배스킨라빈스 싱글레귤러 정량은 115g이고, 상황과...

자매 유튜버 예씨의 채널

서 지나가는 시민의 파우치를 열어 소소한 꿀템들을 발견하여 소개하는 '길에서 파우치는 리얼 뷰티 〈로드파우치〉' 등이 있다.

최근에는 아나운서 장성규와 함께 직접 여러 직업들을 체험하며 리뷰하는 '세상의 모든 job것들을 리뷰한다. 〈워크맨〉'이라는 콘텐츠를 시작했는데, 이 워크맨에서 아이디어를 얻었다.

영화관 알바 만렙이 말하는 알바 리뷰(feat.메가박스/CGV 비교) 영상은 워크맨 장성규가 체험해본 솔직한 영화관 알바 리뷰를 담아서 구독자들에게 생생하게 전달한다.

'홍대에 숨겨진 제2의 백종원 양성 학교?! 요리스킬 만렙 찍을 수 있는 PC방 알바' 영상은 "일하러 왔다가 요리 스킬 만렙 찍을 수 있다는 인싸들의 숨은 맛집 PC방 알바 리뷰"라는 소개 문구로 현장감을 생생하게 전달한다.

MZ 세대 구독자들이 중요하게 생각하는 포인트는 젊은 세대의 마음을 꿰뚫어 보고 이를 대변하는 장성규의 속 시원한 사이다 발언과 저 세상 드립이다. 유튜브 매니아인 젊은 세대의 취향을 저격한 장성규의 언어유희와 예기치 못한 타이밍에 치고 들어오는 드립과 장성규 특유의 선을 넘나드는 수위의 농담을 시전 한다. '선넘규' 콘셉트의 차별화된 캐릭터를 만드는데 성공함으로써 '저 세상 드립'은 MZ 세대의 힘겹고 스트레스 받는 일상

[ENG] 👶집 나간 아들 컴백👶 JTBC 뉴스룸 입성해서 성규 하고 싶은거 다 해본 뉴스 아나운서 리뷰 (Feat. 워크맨 연말정산) | 워크맨 ep.35
조회수 1235만회 · 3년 전
워크맨-Workman
본 영상은 아쿠아픽의 유료광고를 포함하고 있습니다. JOB것들아~~~~ 인력소장이다.~~~~ 잡것들아! 만날...될 때까지, 댓글단...
자막

동영상 설명에서 가져옴

역대급 가족'같은 분위기🏠 머리카락 대신 목 날아갈 뻔한 미용실 알바 리뷰 | 워크맨 ep.10
조회수 1206만회 · 3년 전
워크맨-Workman
훈훈한 가족같은 분위기 미용실에서 일일 스텝 체험 하던 장성규가 발견한 뜻밖의 재능?(feat. 혹시 망치있어요?) 07:47...
자막

[최초공개] 이제는 말할 수 있는 워크맨 채널의 충격 비화 공개합니다...💧(feat.팬네임 결과 공개) | [워크맨]
조회수 219만회 · 3년 전
워크맨-Workman
워크맨이 더 이상 워크맨 아닐 뻔했던 사연ㄷㄷㄷ바뀔 뻔한 후보들이 하나같이 진부하다는 팩폭에 정신 못 차리는 중ㄲㄲㄲㄲㄲㄲㄲ...
자막

스튜디오 룰루랄라의 〈워크맨〉 콘셉트

을 말끔하게 해소해주는 역할을 하며 빠른 속도로 입소문을 타고 있다.

특히 정보 제공 중심의 기존 직업체험 프로그램과 다르게 MZ 세대의 아르바이트 생활 중 힘겹고 불만이었던 여러 부분을 대변해준다는 점이다. 실제 알바생들과 동일한 업무, 동일한 시급을 받으면서 MZ 세대들이 가슴 속에 묻어두고 '못했던 말, 차마 못할 말, 하고 싶은 말'까지 여과 없이 시원하게 해줌으로써 젊은 세대의 취향을 저격하고 대리만족을 이끌었다. 단순한 직업체험을 넘어 공감해주는 진정성 가득한 콘텐츠로 자리 매김하고 있다.

이러한 장성규의 '선넘규' 캐릭터는 그 누구도 따라올 수 없는 그만의 콘셉트가 됐다. 워크맨 리얼한 알바체험과 B급 병맛 이미지를 계속 부각하며 다이아 버튼*을 목표로 성장하고 있다.

* 다이아 버튼 : 1,000만 구독자를 달성할 경우 유튜브 본사가 지급하는 인센티브

사전에 기획된 콘셉트 마케팅 사례
- 춤추는 카페알바, 돌고래 유괴단

3,500만 조회 수를 기록한 춤추는 카페 알바 영상의 정체는 에스원의 바이럴 마케팅 프로젝트인 것으로 밝혀졌다. 보안업체의 딱딱한 이미지를 깨고 고객들에게 친근하게 다가설 수 있도록 사전에 철저하게 기획된 영상인 셈이다. 이 영상은 에스원의 고화질 CCTV로 촬영된, 에스원과 유튜버 '효크포크'의 협업으로 제작된 것이라고 한다.

동영상 속에서 카페 영업을 마친 알바는 이어폰을 끼고 청소를 한다. 흥에 겨운 그녀는 대걸레를 내려놓고 걸그룹 '있지'의 노래에 맞춰 스텝을 밟기 시작한다. 열심히 춤을 추던 알바는 카페로 들어온 고객으로부터 박수를 받으며 겸연쩍게 웃는다.

에스원의 바이럴 마케팅 '춤추는 카페 알바' 영상

MZ 세대의 힘들고 스트레스 받는 일상을 깔끔하게 해소해주는 역할을 하며 빠른 속도로 구전되어 전례 없는 조회 수를 기록했다. MZ 세대들이 세포와 근육 속에 묻어두고 '못했던 행동, 차마 못한 행동, 하고 싶은 행동'까지 필터링 없이 시원하게 춤으로 발산함으로써 젊은 세대의 취향을 저격하고 대리만족을 선사했다.

한 달 만에 누적 조회수 3,500만을 돌파하며 해외 방송국으로부터 취재 요청까지 들어올 정도로 에스원 공식 유튜브 채널 '어서와 에스원'의 구독자 수는 전년 대비 네 배 정도 증가하고, 조회 수도 6배 이상 늘어났다고 한다.

돌고래 유괴단은 기존의 관념을 뒤집는 참신한 컨셉의 광고를 제작하는 회사로 널리 알려져 있다. 고객들이 공감할 수 있는 참신한 컨셉과 스토리가 살아있는 콘텐츠로서의 광고를 제작하기를 추구한다. 잠재 고객들이 자발적으로 찾아보는 광고를 만들겠다는 것이 이 회사의 제작 방침이다.

2007년 영화 제작을 목표로 모인 사적인 모임에서 출발한 돌고래 유괴단이 주목을 받기 시작한 시점은 캐논의 바이럴 영상을 제작한 2015년이었다. 그전까지만 해도 광고계에서는 주목을 받았으나 광고 수주에 어려움을 겪으면서 빚이 수억 대까지 불어났었다.

캐논 광고로 모든 빚을 청산했을 뿐만 아니라 인지도도 높아지면서 이후 웹드라마와 영화로 영역을 넓히고 있다.

캐논 EOS 750D 최현석 셰프의 포토 킥! Full version, 조회수

돌고래유괴단이 제작한 캐논 EOS 750D 최현석 셰프의 포토 킥! 광고

2,336,831회 유튜브 영상에 달린 구독자들의 댓글을 보면 다음과 같다.

Jung Do Kim
캐논에서 이렇게 재밌는 광고를 내다니ㅋㅋㅋㅋㅋㅋㅋㅋㅋㅋㅋㅋ
항상 세련되고 무거운 느낌의 광고였는데 확 달라졌네요.ㅋㅋㅋ

SA P
아 진짜 캐논 미치겠넼.ㅋㅋㅋ 광고 진짜 병 맛인데 카메라 좋아 보인다..
최셰프랑 이미지가 너무 잘 어울리는 듯

설마
역시 광고의 묘수는 유머코드야....최현석 허세 쉐프로 컨셉 잡고 뜨더니 광고까지...대박이네...ㅋㅋㅋㅋㅋㅋ 네 가지 버전 연속 풀 영상 재밌음....

캐논 광고는 기존의 광고 문법을 뒤엎고 위트 있게 '루틴'을 비트는 작품을 선보이며 병맛 컨셉에 기반한 유튜브 콘텐츠로서의 광고의 가능성을 입증했다.

돌고래 유괴단은 광고주로부터 상당 부분의 자율권을 보장받지 않으면 수주를 하지 않는 등 독자적인 경영 방침을 가지고 있다. 설립 초기에는 이러한 경영 방침 때문에 경제적 어려움을 겪기도 했다. 이제는 돌고래 유괴단의 이미지가 확고해지면서 소위 'B급 병맛' 광고를 원하는 광고주들이 알아서 찾아오는 경지에 올라섰다.

2018년에는 유튜브에서 선정한 인기 광고 영상 20편 중 제작 광고 5건이 포함되었다. 돌고래유괴단의 'B급 병맛' 광고 콘셉트와 스토리텔링이 대중에게 널리 받아들여진 것이 입증된 셈이다. 광고업계의 관심을 받게 된 후에도 사업을 확장하기보다 고유의 컨셉을 유지하면서 양질의 작품을 만들어내는데 집중하고 있다.

'칸 라이언즈 2021' 행사 기간 중 신우석 대표는 기자들과의 인터뷰에서 돌고래 유괴단이 추구하는 크리에이티비티(creativity)는 '자신만의 것을 자기 색깔로 내보이는 것'이라면서, 차별화된 콘셉트의 중요성을 강조했다.

본질에 집중하여 콘셉트화한 사례
- feel the rhythm of korea, 리춘수

인기 있고 파급력 있는 유튜브 채널의 중요한 특징 중 하나는 일관된 콘텐츠를 공급하는 데 있다. 관광을 주제로 한 영상을 보고 구독을 누른 사람들의 심리는 관광과 연관된 영상을 보기를 원하는 것이지 관광지에 갑자기 등장한 아이돌의 일상 브이로그를 원하는 것이 아니다. 유트브 채널의 콘셉트와 방향을 정했다면 주제에 맞는 콘텐츠를 생산해야 한다.

기존 관광공사의 한국홍보 마케팅은 해외에서 유명한 아이돌을 홍보모델로 출연시킴으로, 한국에 관해 설명하는 식의 홍보 마케팅을 진행해왔다. 해외에 k-pop 열풍이 불며, 많은 아이돌이나 배우들이 한국의 대표 얼굴로서 한국을 홍보하는 역할을 해왔다.

한편 이러한 유명 인물 중심 마케팅의 단점은 해당 연예인을 좋아하는 외국인에 대해서만 효과가 있다. 한국보다는 아이돌에 집중된다고 볼 수 있다. 연예인들의 출연을 위한 섭외 비용으로 불필요한 부분에 과도한 예산이 집행 될 소지가 있다.

기존 해외 유명 아이돌 중심의 한국홍보 마케팅을 좀 더 창의적이고, 색다른 접근법을 통해 한국을 알리는 유튜브 홍보 콘셉트 영상으로 한국관광공사 마케팅의 본질에 집중하고 있다.

기존 연예인이 출연하여 한국에 대한 전반적인 설명이 아닌 특정 도시를 집중하여 홍보하는 방식을 택하였다. 특정 도시를 선택하여, 해당 도시에 대한 주요 관광지를 배경으로 선택하였으며, 퓨전 국악을 배경음악으로 춤추는 영상을 만들어 'Feel the Rhythm of Korea'라는 주제로 영상을 유튜브에 업로드 했다. 'Feel the Rhythm of Korea' 서울 편은 4천 9백만 뷰 조회수를 기록하고 있다. 〈범 내려 온다〉라는 독특한 노랫말과 경쾌한 리듬, 신명나는 춤 사위로 장안의 화제가 된 영상이기도 하다.

글로벌 이슈가 되고 있는 코로나 19로 인하여 당장의 자유로운 세계 여행이 불가능하다. 요즘 유행하고 있는 랜선 여행이라는 콘셉트와 한국의 리듬을 즐기라는 취지의 영상을 제작했다. 이러한 차별화된 콘셉트 영상으로 현재 국내외를 가리지 않고 이슈 몰이를 하고 있다.

Feel the Rhythm of Korea: SEOUL
조회수 4927만회 · 2년 전

Imagine Your Korea

Enjoy wonderful attractions of South Korea with a lively, rhythmic sound! Korean Tourism Organization collaborated with an ...
자막

1:37

Feel the Rhythm of KOREA: GANGNEUNG
조회수 4830만회 · 2년 전

Imagine Your Korea

Feel the Rhythm of KOREA", which is a hot topic in the world, has returned with a follow-up series. If you have enjoyed the rhythm ...
자막

1:57

Feel the Rhythm of KOREA: JEONJU
조회수 4839만회 · 2년 전

Imagine Your Korea

Enjoy wonderful attractions of South Korea with a lively, rhythmic sound! Korean Tourism Organization collaborated with an ...
자막

1:39

Feel the Rhythm of KOREA: BUSAN
조회수 5342만회 · 2년 전

Imagine Your Korea

Enjoy wonderful attractions of South Korea with a lively, rhythmic sound! Korean Tourism Organization collaborated with an ...
자막

1:41

한국관광공사의 관광 홍보영상 〈Feel the Rhythm of Korea〉 시리즈

'Feel the Rhythm of Korea'라는 콘셉트 영상의 특징은 관광지를 누비며 춤을 추거나, 각 관광지만의 특징을 몸으로 표현하고 있다. 코믹한 콘셉트의 의상을 입고, 현대무용을 하는 앰비규어스 댄스컴퍼니가 등장한다.

이러한 현대무용을 하는 댄스팀을 섭외한 이유는 연예인에게 집중되는 기존의 홍보영상에서 관광지에 좀 더 눈길을 끌기 위해 댄스팀을 섭외하였다고 한다. 홍보영상에 배경음악은 소리꾼, 베이스, 드럼으로 구성된 이날치라는 국악밴드의 한국의 흥이 느껴지게 퓨전 판소리를 배경음악으로 선택했다.

편집에 집중하여 편집티어한 사례- feel the rhythm of korea, 리춘수

옛것을 요즘 시대에 맞게 각색하여 좀 더 친근하고 가깝게 한국을 홍보하여 창의적인 인물로 선택함으로써 'Feel the Rhythm of Korea'라는 관광 홍보 콘셉트를 제대로 구현한 사례다.

또 하나의 예로 팩폭 토크로 유명한 유튜버 '이천수 선수'를 들 수 있다. 현역 시절에는 그의 돌출 행동이나 언사가 이슈가 되긴 했지만 은퇴한 전직 국가 대표 이천수의 축구 실력과 입담이 그만의 독특한 유튜브 채널 콘셉트가 될 수 있다.

왕년의 날쌘돌이 '이천수'가 자신이 가장 잘 알고 온 몸으로 익힌 축구 콘텐츠를 다루면서 51만 명 이상의 구독자들에게 즐거움을 주고 있다. 유튜버 본인이 가장 잘 아는 주제이니, 시청하는 구독자들의 기대감이 높아지고 결국 구독과 좋아요를 누르게 된다.

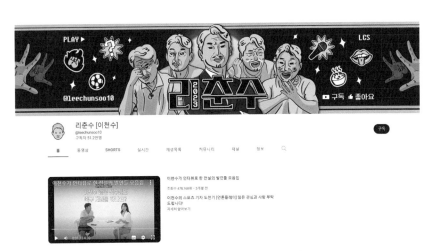

이천수의 유튜브 채널 〈리춘수〉

2021년 5월 21일에 업로드된 '이천수의 반칙을 처음 본 현역 심판의 반응, 이런심판 EP.02' 편 동영상은 무려 조회수 597만 회를 기록했다.

sungho seo
아 반칙 하나하나가 다 주옥같은 반칙이네요. 이천수 선수 유튜브 여기저기 많이 나오셔서 비슷한 컨텐츠 나올 줄 알았는데, 완전 다른 핵잼 컨텐츠들이라 너무 좋아요 ㅜㅜ 리춘수!!

권동현
ㅋㅋㅋ 이천수가 심판수업이라니 ㅋㅋㅋㅋ 몇 몇 더 생각나는 선수들 있는 데 같이 받아보심 대박일 듯 ㅋㅋㅋㅋ

러키스타
ㅋㅋㅋ 이천수 반성의 시간 ㅋㅋㅋ 하나하나가 주옥같음 ㅋㅋㅋ

구독자들의 댓글에서 반칙의 제왕 이천수 선수가 심판 수업을 받는 의외성의 콘텐츠가 주는 파급력을 엿볼 수 있다. 자신의 흑역사를 반전의 콘텐츠로 기획한 위트가 돋보이는 사례다.

실전 유튜브 채널 콘셉트
- 기획서 쓰기

인기 있는 유튜브 채널의 특성을 크게 여섯 가지 정도로 분류할 수 있다.

첫째, 언어와 문화적 장벽이 낮고 비주얼 요소가 강해서, 전 세계 누구라도 이해할 수 있는 콘셉트의 콘텐츠이다.

둘째, 시대의 격차와 상관없이 언제나 꾸준한 수요가 있는 콘셉트의 콘텐츠이다.

셋째, 특정 분야 독특한 주제나 아이템 중심의 콘텐츠이다.

넷째, 유튜브의 구독자 비중이 가장 높은 20~45세 층이 공감하고 찾아볼 만한 콘텐츠이다.

다섯째, 10분 미만의 분할 가능한 스토리 중심의 시리즈 콘텐츠이다.

여섯째, 구독자 간에 대화나 화제를 일으킬 만한 소재의 콘텐츠이다.

인기 있는 유튜브 채널의 특성을 염두에 두고, 돈이 되는 차별화된 콘셉트의 유튜브 채널을 기획하기 위해서는 크게 3가지를 고려하면 된다. 자신이 무엇을 잘하고, 어떤 것을 하고 싶은지, 또 구독자들이 무엇을 좋아할지 고민해야 한다. 지인들이 자신에게 주로 어떤 부분에서 솔루션을 요청하는지를 떠올리면 채널 콘셉트를 찾을 수 있다.

유튜브 채널의 콘셉트를 결정하는 일이 사실상 가장 중요하면서도, 어려운 단계이다. 마치 방송국 프로듀서처럼 핵심 콘텐츠 내용을 담아내기 위한 일련의 과정에 대해서 고민이 필요하다.

큰 맘 먹고 유튜브 채널 콘셉트 기획을 시작하면 앞이 캄캄하고 막연할 수 있다. 다른 사람들의 영상을 보면 쉽게 만드는 줄 알았는데, 막상 자신이 하려면 무엇부터 해야 할지 막막하다.

이럴 때는 우선 자신의 채널에 대한 막연한 생각이나 아이디어를 글로 적어보는 것이 중요하다. 결심한 순간 바로 채널 콘셉트 기획서를 작성하면 된다. 유튜브 채널 설계도를 작성하는 과정이다.

먼저 채널 명칭을 만들어야 한다. 채널 이름을 제대로 지어야 구독자들의 관심을 끌 수 있다. 구독자들이 당신의 채널 이름을 듣자마자 채널에 대한 주제와 어렴풋하게나마 콘텐츠 내용이 연상되는 작명이 필요하다.

유튜브 검색창에 자신이 만들고자 하는 채널 이름을 검색해보시고 중복된 채널은 피하는 것이 좋다. 만약 동일한 이름이 있다면, 구독자가 적고 활성화되지 않은 채널이라면 사용해도 무방하다. 단 그 채널과 다른 맥락의 콘텐츠로 채울 수 있는지 최종 점검이 필요하다.

채널명은 너무 긴 명칭을 사용하지 않는 것이 좋다. 너무 길면 사람들이 당신의 채널을 기억하지 힘들다. 채널명은 5글자 내외로 정하는 것이 좋다. 3글자나 5글사가 적합하다. 7글자가 넘으면 구독자들이 기억하기 힘들다.

다음으로 채널 주제를 정해야 한다. 채널 주제는 자신이 좋아하는 주제를 정하는 것이 바람직하다. 예를 들어서 고양이 채널이 인기가 있다고 해서 자신이 고양이를 좋아하지도 않고 키워본 경험도 없는데 그런 콘텐츠를 선택한다면, 지속적으로 콘텐츠를 제작하기가 쉽지 않기 때문이다. 억지로 영상을 만든다면 은연중에 구독자들의 반감을 살 수도 있으니 유의할 필요가 있다.

채널 주제에 대해 지속적으로 제작할 수 있는가를 냉정하게 생각해 봐야한다. 예를 들어 영상 제작을 하는데 비용이 많이 든다거나, 거의 매번 원거리로 이동해서 찍어야 한다면 지속성을 담보할 수 없다. 무리해서 시간과 돈이라는 자원을 계속 투입해야 한다면, 지속적으로 영상을 제작하는데 한계가 있다.

일단 채널 주제를 정했으면 동일한 주제의 채널들을 반드시 살펴볼 필요가 있다. 유사한 채널 콘텐츠 중에서 최고 조회수를 기록한 영상을 5개 정도 살펴보고 영상의 조회 수가 높은 이유를 3가지 적어보기 바란다. 완벽한 영상이라도 아쉬운 한 곳이 있기 마련이다. 발견한 아쉬운 점을 개선하여 자신의 영상 제작에 반영하면 동일 주제라도 차별화를 꾀할 수 있다.

영상에 나의 실제 경험이나 나만의 노하우를 가미한다면, 같은 주제의 영상을 만들면서도 자신만의 독특한 관점에서 영상을 만들 수가 있다. 유사한 주제라도 자신이 실제로 해보니 이런 점이 좋고, 저런 점은 나쁜 것 같다는 생생한 자신만의 경험이 차별화의 요건이다.

이런 방식으로 영상을 어떻게 만들 것인지에 대한 채널 콘셉트 기획서를 제작해 보면 손에 잡히지 않았던 채널의 콘셉트가 윤곽이 잡히고 체계적으로 제작할 수 있다.

영상을 기획하고 실제로 촬영·편집 후 업로드하기 전에 사전 피드백을 반드시 받아야 한다. 자신의 영상이 구독자들이 좋아할 만한 영상인지 객관적으로 평가를 받아야 한다. 초기에 실패하는 이유가 대부분 피드백을 소홀히 하기 때문이다. 피드백은 자신이 정한 채널 콘셉트대로 제대로 가고 있는지 방향을 확인하는 작업이라고 생각하면 된다.

성공한 유튜버에게 조언을 받는 것이 가장 좋다. 접촉이 어렵다면 영상을 업로드하기 전에 주위의 지인들에게 먼저 영상을 보여주고 객관적인 시선으로 좋은 점, 수정 포인트를 찾아 달라고 요청해서 피드백을 받는 것이 바람직하다. 유튜브 영상은 한 번 업로드하면 수정할 수 없다. 따라서 업로드하기 전에 반드시 피드백을 받으라.

영상을 업로드한 후에도 피드백을 받는 게 중요하다. 때로는 댓글이 참고가 될 수도 있다. 긍정적인 댓글은 참고해서 다음 영상 제작할 때 참고하고, 악플은 걸러내면 된다.

유튜브 채널 콘셉트 기획서

구분		주요내용
채널명		
채널 카테 고리	재테크	부동산, 주식, 코인, NFT 등
	취미	영화/애니, 먹방, 동물/식물 관련, 게임 관련,여행 관련 등
	특기	메이크업, 헤어 디자인, 뷰티 전반, ASMR, 음악, 댄스 등
	일상	브이로그, 제품 리뷰, 각종 체험
	트렌트	시사/이슈, 정치/사회, 메타버스, 라이브 커머스 등
채널 콘셉트		
타겟 구독자 연령/성별		
채널소개 (차별화 포인트)		
동일주제 상위 유튜버		

경쟁 유튜버의 최고 조회수 영상내용	1	2	3
상기 영상 장점/단점			

구분		주요내용
업로드	주기	주　회
	일시	요일　시
일정	촬영 일정	
	편집 일정	
리뷰 확인 및 피드백 주기		
핵심 콘텐츠	주제	
	핵심 키워드	
	썸네일 문구	

실전 유튜브 채널 콘셉트
- 일일 알바 체험 채널 기획하기

대학생 10명 중 9명은 새 학기 아르바이트를 계획하는 것으로 조사됐다. 이유는 '개인 생활비 마련' 때문이었다. 아르바이트포털 알바천국이 대학생 회원 640명을 대상으로 '대학생의 새 학기 계획' 설문조사를 진행한 결과다.

대학생이 뽑은 새 학기에 가장 하고 싶은 활동 1위는 △아르바이트(32.8%) 가 차지했다. 2위와 3위는 △취업준비(11.7%)

출처 : 알바천국

와 △교우관계(10.6%)였다. 이 외에도 △어학공부(10.3%) △배낭여행(9.1%) △동아리 활동(6.9%) △캠퍼스 커플(6.4%) △친구들과의 유흥(4.4%) △미팅(4.1%) △다이어트 등 외모관리(3.7%) 등이 있었다.

반면 새 학기 대학생들의 가장 큰 고민은 △학점관리(34.1%)였다. 이어 △아르바이트 구직(23.1%) △등록금(15.8%) △동기 및 선배들과의 관계(12.5%) △취업(9.4%) △통학(5.1%) 순으로 고민했다.

대학생 4명 중 1명이 아르바이트 구직을 고민하는 만큼 실제 대학생 10명 중 9명(96.9%)은 새 학기 아르바이트를 계획하고 있었으며, 그 이유로 '개인 생활비 마련(66.9%)'을 꼽았다. 기타 이유로는 △등록금 마련(15.8%) △다양한 경험을 위해(9.9%) △자기 개발비 마련(6.1%) △남는 시간을 활용하기 위해(1.3%) 등으로 답했다.

한편 대학생들이 알바를 구할 때 중요시하게 고려하는 것은 '지역(거리)'가 가장 높았고 이어 근무시간, 시급, 업무강도, 근무기간, 급여지급일 순으로 답했다.

이 조사 결과를 토대로 직접 일일 혹은 단기간 알바를 체험하는 유튜브 콘텐츠를 만들어 알바 구직을 고민하는 대학생들의 궁금증을 해결해주고 알바 선택에 도움을 주는 채널 기획을 고려해 볼 수 있다.

알바 체험 채널 구독자 타겟 설정

알바 체험 유튜브 채널의 주 타겟은 알바에 관심이 많은 20대 초중반이다. 알바 자리를 구하고 싶지만 알바 경험이 없거나 적고, 알바에 대한 생생한 체험 정보를 얻기 어려워 고민하고 주저하는 사람들이다. 어떤 직종을 선택해서 알바 자리를 구할지 고민할 때 실제 알바 현장에서 일하며 생생한 리뷰를 담은 영상을 보면 타겟 독자의 니즈를 충족시킬 수 있다.

알바 체험 유튜브 채널 콘셉트 설정

유튜브 알바 체험 콘셉트를 정하는데 가장 많은 영향을 준 경쟁 채널은 스튜디오 룰루랄라의 '워크맨'이라는 콘텐츠로 일일 알바체험을 하는 영상이다. 유명한 전(前) JTBC 아나운서인 장성규가 일일 알바를 직접 체험하며 유쾌하게 진행하는 채널이다. 한편 돈이 필요한 절박한 상황에서 낮은 알바 시급이나 열악한 근무 환경 등을 현실적으로 반영하지 못한다는 한계가 있다.

차별화를 위해 일반인이 실제 알바 현장에서 리얼한 리뷰를 담은 영상을 제작하면 된다. 일일 알바 체험이 아닌 최소 2~3일에서 일주일 정도 일하며 영상을 찍으면서 해당 직종의 장점과 단점, 알바 할 때 얻은 소소한 꿀팁들을 영상에 담으면 된다.

알바 체험 유튜브 채널 핵심 콘텐츠 구성

알바하면 흔히 떠올리는 일반 직종은 뒤로 미루고 채널 개설 초기에 구독자들의 관심을 끌만한 이색 알바를 소개하는 포맷으로 콘텐츠를 구성한다. 예를 들어, '놀고먹으면서 시급받자! 민속촌 거지 알바'와 같은 내용으로 일일 체험 콘텐츠를 구성하면 된다.

 한국민속촌
2015년 2월 3일 · 🌐

민속촌에서 거지알바 하면
점점 잘생겨진다면서요???

#구걸해서_수술하나
#얘가_조심을_잃었네
#동일인물맞음

출처: 한국 민속촌 페이스북

한국민속촌
2016년 5월 30일 · 🌐

새삼스럽지만..
다시 한 번 확인하는
꿀알바 중 최고 꿀알바..
민속촌 거지알바 클라스
#사또한테_맨날_맞고다녀서
#까먹고있었음

출처: 한국 민속촌 페이스북

  드라마 보다가 '깜짝', 엑스트라 알바도 초기 콘텐츠로 관심을 끌만한 소재다. 이 외에도 결혼식장 하객 알바, 신약 임상 체험 알바 등으로 기존 알바 체험 채널과 차별화를 시도하는 방식을 고려해 볼 수 있다.

  결혼식 하객 알바는 개그프로에 나오는 가십거리가 아니라 현실에 존재하는 알바이다. 혼주들의 입장을 생각해서 비밀 서약서까지 쓴다는 설이 있을 정도이다. 혼주와 알바인의 개인정보를 특정할만한 장면은 가림막 처리하고 오디오 위주로 편집해서 업로드하는 것도 대안이 될 수 있다.

(규모가 큰 예식장은 아니지만 아담하고 이뻤다)

상호 : 하객 전문 업체
지점 위치 : 서울시 결혼식장
근무 기간 : 2019.XX.XX (개인 정보를 위해 비밀)
직책 : 결혼식 하객
특이사항 : 이색 아르바이트 / 결혼식 하객 / 진심으로 축하 / 뷔페 맛있다 / 완전 꿀알바

https://m.blog.naver.com/meena2003/221788998169

하객 알바를 쓸 수밖에 없는 혼주의 사연과 자신의 정체를 드러내지 않고 '오버 액션'은 삼가야 하는 알바인의 심정을 은연 중 반영한다면 구독자의 관심을 끌 만한 콘텐츠로 담아 낼 수 있다.

이후 편의점, 뷔페, 호텔, 예식장, 고깃집, 룸카페, 전단지, 학원, 공부방 등 일반적인 알바 체험을 영상을 찍으면 된다.

알바를 하며 가식적이고 거짓된 영상이 아닌 힘들면 정말 힘들다고 짜증내고 욕도(?) 하는 솔직한 영상을 담아낸다. 마지막에는 같이 일했던 동료들의 인터뷰를 따서 알바의 장점과 단점,

그들만의 꿀팁 등을 포함시키면 된다. 채널이 어느 정도 성장한
뒤에는 구독자들이 요청하는 알바 직종을 추천받아 영상을 업로
드 하면 된다. 초기 업로드 콘텐츠 차별화!!

펌글 결혼식 하객대행 알바 후기(펌) 오버하지 마세요

글번호 201901130027009530 | 2019-01-13 08:13   IP 125.136.*.73

어제 결혼식 하객대행 알바 다녀온 후기.txt 📄

○○ 2016.10.15 10:49   121.137.**.**
조회 32 댓글 3   **+ 크게**

여긴 희안하게 금요일 저녁에 결혼식 하더라고 아무튼 그냥 앉
아만 있다가 사진찍고 밥먹고 나오면 되니 돈은 별로 못벌지만
개꿀이란 생각에 호기심반으로 친구따라 갔지

그리고 난 내딴엔 열심히 한다고 신랑 보자마자 허그하면서 얌
마 니가 결혼 한다니 보고도 실감이 안난다 짜식 뭐 이런식으로
말하는데

갑자기 내 귀에 대고 조그만 목소리로 그 신랑놈이 '오바하지마
세요' 이러네 이 씨ㅂ놈 지 생각해서 최대한 연기 해준거구만 존
나 빈정상하더라

http://mlbpark.donga.com/mp/b.php?p=1&b=bullpen&i
d=201901130027009530&selec

제5장

콘셉트에서 콘텐츠로 아웃풋

STEP
01

STEP
02

STEP
03

콘텐츠, 결국은 콘셉트의 힘

〈강남 스타일〉로 일약 글로벌 스타로 발돋움한 싸이의 콘셉트는 무엇일까? 가수 싸이가 모 방송국과의 인터뷰에서 얘기한 대로 그냥 '글로벌 딴따라'라고 하기에는 설명이 부족하다. 만약 당신이 콘텐츠 기획자로서 가수 '싸이'와 관련된 콘텐츠를 기획한다면 어떤 콘셉트나 제목으로 콘텐츠를 생산하고 싶은가? 콘텐츠 생산자가 되기 위해서는 철저하게 콘텐츠 기획자의 입장에서 자신이 생산하고자 하는 콘텐츠의 콘셉트를 잡아야 한다.

콘셉트(concept)의 사전적인 정의는 개념, 사고방식, 주장을 일컫는 말이다. 광고계에서는 소비자를 설득하기 위한 주장으로 활용한다. 시중에 베스트셀러가 된 책이나 패션, 전자제품들도 그들만의 독특한 콘셉트가 있다. 광고 카피처럼 한 마디 혹은 한 문장으로 설명할 수 있어야 한다.

보통 차별화되는 콘셉트를 이야기할 때 지금까지 들어보지도 못한 특별한 아이디어나 개념을 떠올리기 쉽다. 하지만 평범한 삶을 살다가 갑자기 콘텐츠 업계가 놀랄만한 독특한 콘셉트를 꺼내는 건 말처럼 쉬운 일이 아니다.

철저하게 자신의 경험과 지식을 기반으로 콘셉트를 도출해야 글로 표현하고 콘텐츠를 생산할 수 있다는 사실을 기억해야 한다. 그래야 글에서 진정성이 느껴지고 저자의 의도가 고스란히 독자들에게 전달될 수 있다. 콘텐츠의 콘셉트는 핵심 내용을 한마디로 표현하는 개념이기 때문에 자신만의 독특한 경험이나 지식이 있어야 독자들에게 제대로 어필할 수 있다.

'일상에서 차별화된 콘셉트로 콘텐츠를 생산한 사람들'이라는 제목을 붙이고 실제 일상 속에서 콘셉트를 건져 올려 콘텐츠를 생산한 경험들을 소개하는 것이 이 책의 콘셉트이다. 콘텐츠는 천재 작가나 사회적으로 명망가들만 낼 수 있는 것이 아니라 일상 속에서 차별화된 콘셉트를 발견하여 책을 낼 수 있다는 핵심 메시지를 전달하고자 하는 의도를 담고 있다.

만약 필자가 경험한 사례가 마지막에 배치되어 있지 않다면 그 장 전체가 다른 사람들의 이야기로만 채워져 내용이 공허해질 수도 있다. 필자의 《아웃풋 독서법》은 일상 속에서 독서 후에 가시적인 성과를 고민하던 차에 독서의 궁극적인 목적이자 완성으로 책쓰기를 제안하는 아웃풋 중심의 콘셉트와 관련된 콘텐츠를 책이라는 매체로 생산할 수 있었다. 단순히 책을 읽고 끝나는 게 아니라 책 쓰기라는 창조적인 Output을 염두에 두고 차별화된 콘셉트의 독서법 관련 콘텐츠를 독자들에게 선 보일 수 있었다.

카피라이터이자 콘셉트추얼리스트인 탁정언은 《콘셉트의 연금술사》에서 '자신의 의도를 갖고 의도대로 살아야 콘셉트가 선다'라고 조언한다. 가수 싸이의 콘셉트는 주변 시선을 의식하지 않고 무대를 휩쓸면서 원색적으로 춤추고, 노래하고 신명나게 노는 데 있다. 그가 만약 발라드의 대명사 조성모나 정승환처럼 노래했더라면 세계적으로 어필하지 못했을 것이다.

콘텐츠 생산은 자신이 직접 체험한 내용과 책이나 다른 매체들을 통해 간접적으로 체험한 내용들을 기반으로 한다. 콘텐츠를 생산하기 전에 나는 어떤 의도를 가지고 그 의도대로 살고 있는지 자신을 돌아볼 필요가 있다. 자신이 중시하는 의도에 따라 세상이 달리 보이고, 경험의 내용과 폭이 결정되기 때문이다. 다른 사람의 삶의 내용이 부럽다는 이유로 그것을 책 쓰기의 소재로 삼으면 내용이 공허해진다. 아무리 그럴싸한 표현으로 포장을 해도 독자들은 귀신처럼 가짜 체험인지 아닌지 알아차린다.

정해진 주제에 대해 머릿속에는 번쩍이는 아이디어와 기발한 생각이 넘쳐나는 것 같은데 막상 콘텐츠 생산을 위해 글을 쓰면 세 줄을 넘기지 못한 경험이 누구나 있을 것이다. 정말 머릿속에 글감이 될 만한 내용이 흘러 넘치는데 글쓰기 기법이 부족해서 몇 줄 밖에 쓰지 못하는 걸까?

만약 콘텐츠 크리에이터를 꿈꾸는 독자라면 자신이 몸담고 있는 삶의 현장에서 길어 올린 콘셉트로 콘텐츠 생산의 방향을 잡아가기 바란다. 만약 그마저 여의치 않을 경우에는 평소에 독서나 영화, 다큐멘터리 시청 등 간접적인 체험을 근거로 자신만의 콘셉트를 세워가기 바란다. 결국 콘텐츠 생산은 오롯이 차별화된 콘셉트로 자신의 경험과 지식을 융합하여 재창조하는 과정이라는 점을 명심하기 바란다.

일상적인 글쓰기와
콘텐츠 생산의 결정적 차이

후기 정보화 시대의 끝자락에 서 있는 우리들은 말보다 문자나 글로 자신의 의사를 표현하며 살아가고 있다. 생활필수품이 되어버린 스마트폰과 온라인 세상에서 매일 다양한 SNS를 통해 거의 실시간으로 소통하고 있다. 바쁘게 살다보니 1년이 넘도록 만나기 어려운 지인들보다 온라인에서 날마다 소식을 주고받는 이들과 더 친근한 만남을 이어간다. 매일 카톡이나, 페이스북, 트위터, 블로그에 문자와 짧은 글로 활발하게 대화를 나누며 산다.

블로그나 페이스북에 이웃들이 포스팅한 글에 댓글을 달고 공감 버튼을 누른다. 댓글을 통해 자신의 느낌과 생각을 표현한다. 디지털 시대에 이미지나 동영상이 주류를 이루지만 실제 자신의 의견과 생각을 표출하는 방식은 글로 하고 있다. 거의 모든 커뮤니케이션이 글로 이루어지는 디지로그(디지털+아날로그)시대에 글을 잘 쓰는 것이 경쟁력이 될 수 있다.

한편 스마트폰의 보급으로 점점 책을 읽는 독자들이 줄어들고 있다. 그럼에도 책을 읽어서 지식을 소비하고 자신의 뇌에 입력해야 지식 생산자로서 글을 통해 자신의 느낌과 생각을 출력할 수 있다. 독서를 즐겨하다 보면 글을 써서 자신만의 콘텐츠를 생산하고 싶은 욕구가 생긴다.

책을 읽은 후에 감동받은 구절을 메모하고 손 글씨로 베껴 쓰면 글쓰기에 도움이 된다. 자신이 읽은 책의 서평을 블로그에 올려서 이웃들과 감동받은 내용을 교류하면 생각의 폭도 넓어진다. 꾸준하게 블로그나 페이스북에 자신만의 글을 쓰다 보면 어느 순간 '나도 책을 한 번 써서 콘텐츠를 생산해 볼까?'하는 생각에 이르게 된다.

바로 이 지점에서 일반적인 글쓰기와 콘텐츠 생산이 어떻게 다른지 알고 콘텐츠 생산에 접근해야 시행착오를 줄일 수 있다.

먼저 콘텐츠 생산은 철저하게 타겟 독자를 염두에 두는 글쓰기다. 독자들이 흥미를 느낄만한 주제나 소재가 있어야 한다. 독자 입장에서 재미나 감동이 있던지, 실생활에서 써먹을 만한 실용성을 갖춘 내용으로 구성해야 한다. 혼자 읽기 위해 쓰는 일기나 평소에 친분이 있는 블로그 이웃들과 이야기하는 가십 거리로는 구독자들을 위한 콘텐츠를 생산할 수 없다.

다음으로 콘텐츠를 생산하려면 글의 분량이 충분하게 확보되어야 한다. 글쓰기는 일상에서 작은 주제의 블로그 포스팅에 비유할 수 있다. 콘텐츠 생산은 여러 가지 스토리들을 하나의 흐름으로 엮은 30페이지 정도의 리포트라고 이해하면 된다. 리포트처럼 딱딱한 형식이나 사무적인 문구를 담고 있지 않을 뿐 10포인트 폰트로 A4용지 30페이지 정도 써야 그나마 쓸만한 콘텐츠로 생산이 가능하다.

하나의 작은 주제나 소재를 가지고 일상적은 글을 쓰는 것은 블로그 포스팅만 꾸준히 하더라도 해낼 수 있는 일이다. 물론 이미지 중심이 아니고, 텍스트 중심으로 한 페이지 이상의 분량을 꾸준하게 포스팅하는 것을 기준이으로 해도 말이다. 콘텐츠 생산은 그런 10여 개의 주제를 가지고 핵심 메시지를 전달하기 위해 10포인트 폰트 기준 A4용지 2.5~3 페이지 정도의 글을 쓸 수 있어야 한다. 신문에 나오는 칼럼을 1.5 페이지 분량으로 20여 개를 쓴다고 생각하면 가장 쉽게 이해할 수 있다.

대부분의 초보 크리에이터들이 콘텐츠 생산을 포기하는 이유가 한 주제로 2~3페이지 분량의 긴 호흡의 글을 써낼 수 없기 때문이다. 평소에 칼럼 필사 등을 통해 꾸준하게 글쓰기 연습을 하면 충분히 해낼 수 있는 방식이기도 하다. 서론/본론/결론의 구조를 염두에 두고 핵심 문장의 위치를 찾아가면서 베껴 쓰기 하

제5장 콘셉트에서 콘텐츠로 이웃후

면 필력 향상에 도움이 된다. 콘텐츠 생산 수업에서 핵심 필살기로 내세우는 방법론이기도 하다.

또 다른 콘텐츠 생산 과정에서 서론/본론/결론 쓰기 연습을 두어 시간 진행하지만 강의를 듣는 것만으로는 충분하지 않다. 자전거 타는 법을 듣고 몇 번 페달을 밟아 봤다고 해서 바로 자전거를 탈 수 없다. 마찬가지로 날마다 자신이 관심 있는 주제로 2~ 3페이지 정도 분량의 글쓰기를 꾸준하게 해야 비로소 콘텐츠 생산에 접근할 수 있다.

일반적인 글쓰기 수업이나 학원에서 가르치는 중심 내용은 문장력을 높이는 방법, 어법, 풍부한 어휘력을 늘리는 방법 등이다. 순수 문학의 범주인 시나 소설 등은 별도의 작법이 필요하기 때문에 장르의 특성에 맞는 비유법이나 대화체 표현 등을 배우기도 한다. 그런 이유로 글쓰기 과정만 수강해서는 콘텐츠 생산을 하기가 쉽지 않다.

콘텐츠 생산을 위해서는 단순히 글쓰기 기법 외에 핵심 주제를 중심으로 자신의 생각을 정리하고 체계적으로 엮어내는 과정이 필요하다. '구슬이 서 말이라도 꿰어야 보배'라는 속담처럼 흩어진 지식과 경험들을 일관성 있게 재구성하는 능력이 필요하다.

콘텐츠 생산을 하기 위해서는 평소에 4가지 습관을 체화하면 콘텐츠를 생산할 수 있는 가능성이 높아진다.

첫째, 평소에 생각을 정리하는 시간을 자주 가져야 한다. 머릿속에서 가물거리는 아이디어나 희미한 생각들이 명확하게 한 단어나 문장으로 정리되지 않을 때는 의식적으로 글로 써봐야 한다. '손은 제 2의 뇌'라고 한다. 손과 뇌의 상호 작용으로 손으로 글을 쓰다보면 생각이 정리된다. 동시에 뇌가 활성화되면서 글감도 떠오르는 효과가 있다. 손맛이 좋은 펜이나 연필로 백지 위에 마구 갈겨 쓰다보면 모호했던 생각들이 보다 선명해지고 구체화된 콘텐츠를 만들어낼 수 있다.

둘째, 한 가지 주제로 생각들을 서로 엮어내는 연습이 필요하다. 예를 들어, 독서를 할 때도 책의 구조 자체가 콘셉트나 제목을 중심으로 크게 4~5개의 장 제목으로 흐름이 연결되어 있음을 간파할 수 있어야 한다. 각 장별로 장 제목을 중심으로 소주제, 꼭지들로 유기적으로 구성되어 있다. 각각의 소주제나 꼭지들의 내용이 차이가 있지만 장 제목의 범위에서 벗어나면 곤란하다. 각각의 소주제나 꼭지들은 장 제목의 핵심 내용을 뒷받침해주는 역할을 하기 때문이다.

소주제로 2.5~3페이지 분량의 콘텐츠를 생산하다 보면 자신의 생각과 아이디어로만 채울 수 없는 경우가 발생한다. 이럴 때에는 자신의 생각과 주장을 뒷받침할 수 있는 공신력 있는 전문가의 의견이나 사례를 엮어서 소주제를 완성해야 한다.

셋째, 콘텐츠 생산은 구독자를 위한 과정이자 결과물임을 명심하고 마치 한 사람에게 말하듯이 콘텐츠 생산 연습을 해야 한다. 그렇다고 브런치 카페에서 수다 떠는 내용을 그대로 옮기라는 의미는 아니다. 정말 글이 안 써질 때는 말하는 내용을 그대로 구어체로 적은 다음에 문어체로 변환하는 것도 한 가지 방법이 될 수 있다.

콘텐츠 생산에서 가장 중요한 포인트 중 하나가 누구를 위한 콘텐츠인가를 결정하는 일이다. 막연한 대상을 놓고 글을 쓰다 보면 내용이 산으로 갈 수도 있다. 만약 당신이 구독자라면 콘텐츠 크리에이터를 통해서 그 주제와 관련하여 어떤 이야기나 내용을 듣고 싶은지 역지사지의 지혜를 발휘하면 된다.

마지막으로 콘텐츠 생산과 일상적인 글쓰기가 비슷하면서도 결정적으로 다른 이유는 콘텐츠 생산은 상업적인 일련의 행위라는 사실이다. 콘텐츠 크리에이터 입장에서는 자신의 분신만큼 소중한 산고의 산물이지만 구독자 입장에서는 여러 가지 매력적인 콘텐츠 상품 중에 하나임을 기억하라.

자신이 관심 있는 주제에 대한 콘텐츠 트렌드나 경쟁 간행물들을 눈여겨보고 어떻게 차별화 할 수 있을지 평소에 관심을 가져야 한다. 구독자들이 필요로 한 부분을 채워주고, 때로 위로하고 격려하며 다시 일어 설수 있는 힘과 용기를 주는 콘텐츠를 끊임없이 고민해야 한다. 그래야 콘텐츠 전성시대 경쟁의 높은 벽을 넘어 자신의 콘텐츠로 구독자들에게 다가갈 수 있다.

관점을 바꾸면 콘셉트가 보인다

독서 토론회에 참석해 보면 사람들마다 관점이 다르다는 사실을 실감할 수 있다. 동일한 책을 읽고서도 저마다 감동받은 구절이 다르다. 동일한 구절이라도 감동의 깊이가 다르고 해석하는 내용도 다름을 확인할 수 있다. 서로 다른 생각과 느낌, 감동 포인트를 나누다 보면 혼자 책을 읽을 때보다 깊게 작품을 이해할 수 있게 된다.

이런 현상은 독서 토론회뿐만 아니라 책 쓰기 세계에서도 마찬가지다. 한 가지 주제로도 다양한 종류의 책이 존재하고 계속해서 출간할 수 있는 이유는 사람들마다 관점이 달라서이다. 온라인 서점에 '관점'이라는 키워들을 입력하면 200종 가까운 책이 검색된다. '관점'에 대해 다르게 보기를 시도한 작품들이다.

책을 쓴다는 것은 동일한 현상이나 사물을 다르게 보기를 시도하는 데서 시작된다. 어제 동창모임에서 박장대소하며 들었던 유머나 농담을 다음 날 출근해서 또 듣는다면 어떤 느낌이 들까? 식상하거나 어쩔 수 없이 듣더라도 지루하게 느껴질 것이다.

마찬가지로 기존에 있던 책들을 재탕한 느낌을 주는 내용의 책을 쓰면 독자들의 외면을 받거나 중고 서점에 팔리는 신세가 된다. 차별화된 콘셉트의 책을 써야 독자들의 관심을 받을 수 있다. 독자들의 관심을 끌어당기려면 저자가 먼저 관점을 바꿔야 한다. 관점을 바꿔 다르게 보기 시작하면 자신만의 콘셉트가 윤곽을 드러낸다.

10년 전에 《아침형 인간》이란 책이 50만 부 이상을 팔아치우며 베스트셀러로 등극했다. 자수성가한 사람들의 공통적인 특성이 (남들이 잠들어 있는 시간에) 새벽을 깨우며 하루를 빨리 시작했다는 신화가 독자들의 마음을 사로잡았다. 10년이 지난 시점에서 당신이 출판 기획자라면 아침 시간을 제대로 활용하는 새로운 콘셉트의 책을 제안하거나 출시하겠는가?

최근에 다시 《미라클 모닝》이라는 책이 베스트셀러를 넘어 스테디셀러로 자리 잡고 있다. 《미라클 모닝》도 아침 시간을 효율적으로 사용하는 내용이다. 10년 전에 인기를 끈 《아침형 인간》과 내용이 비슷하다. 차별화된 콘셉트라고 해서 하늘에서 뚝 떨어진 새로운 주제나 소재를 찾아내야 되는 건 아니다. 기존에 있던 콘셉트를 살짝 비틀어도 새로운 콘셉트가 탄생한다.

10년 주기로 출판계의 핵심 키워드가 돌고 돈다는 유력한 속설이 있다. 인터넷 포털에 2007년 베스트셀러라는 키워드를 검색하면 종합 베스트 순위 20위가 뜬다. 당시에 인기를 끌었던 책들의 핵심 주제나 콘셉트들이 다시 표현만 바꿔서 다시 등장할 가능성이 높다.

1. 대한민국 20대 재테크에 미쳐라(정철진, 한스미디어)
2. 청소부 밥(토드 홉킨스, 위즈덤하우스)
3. 회사가 당신에게 알려주지 않는 50가지 비밀(신시아 샤피로, 서돌)
4. 마시멜로 이야기(호아킴 데 포사다, 한국경제신문사)
5. 에너지 버스(존 고든, 쌤앤파커스)
6. 전쟁의 기술(로버트 그린, 웅진지식하우스)
7. 배려(한상복, 위즈덤하우스)
8. 부의 미래(앨빈 토플러, 청림출판)
9. 굿바이 게으름(문요한, 더난출판사)
10. 끌리는 사람은 1%가 다르다(이민규, 더난출판사)
11. 이기는 습관(전옥표, 쌤앤파커스)
12. 컬처 코드(클로테르 라파이유, 리더스북)
13. 카네기 인간관계론(데일 카네기, 씨앗을 뿌리는 사람)
14. 생각정리의 기술(드니 르보, 지형)

15. 기요사키와 트럼프의 부자(로버트 기요사키, 리더스북)

16. 경청(조신영, 위즈덤하우스)

17. 용기(유영만, 위즈덤하우스)

18. 설득의 심리학(로버트 치알디니, 21세기북스)

19. 경제학콘서트(팀 하포드, 웅진씽크빅)

20. 성공하는 여자는 대화법이 다르다(이정숙, 더난출판사)

2007년 상위 20개 베스트셀러를 유사한 주제로 분류하거나 비슷한 장르로 묶다보면 새로운 관점이 생긴다. 다르게 보기에서 새로운 콘셉트가 도출된다는 사실을 상기하기 바란다.

먼저 《마시멜로 이야기》(4위), 《배려》(7위), 《경청》(16위), 《용기》(17위) 등 우화형 자기계발 소설이 눈에 들어온다. 다소 딱딱한 덕목들에 말랑말랑한 스토리를 입혀서 독자들의 취향에 호소한 스토리텔링형 자기계발 장르가 재등장할 수도 있다. 《청소부 밥》(2위)도 이런 범주로 분류할 수 있는 작품이다.

10년 전 히트를 쳤던 스토리텔링형 우화 소설의 장르에 최근 출판계 핵심 키워드인 '자존감'을 결합한 작품의 출현을 예상할 수 있다. 자존감과 관련된 덕목이나 키워드가 무엇인지 살펴보고 자신만의 차별화된 콘셉트를 잡아가면 된다.

다음으로 '습관'과 '정리' '기술' '비밀'과 관련된 키워드들로 분류해 볼 수 있다. 독자들의 현실 생활과 직접적으로 연결되어 바로 활용할 수 있는 실용서적들이다. 10년 전에는 《이기는 습관》(11위)'이 독자들의 관심을 끌어당겼다.

불황이 장기화되는 시점에서 필요한 습관이나 버려야 할 습관이 무엇인지 곰곰이 생각해 보고 자신만의 콘셉트를 도출해보면 된다. '굿바이 게으름'에서 '게으름'을 대체해서 버려야 할 습관을 찾아보는 것도 한 가지 방법이다.

'정리'에 관한 주제로 10년 전에는 정리의 대상이 '생각'이었다. 2~3년 전에 《하루 정리 15분의 힘》이 베스트셀러로 등장했다. '생각'이 아니라 눈에 보이는 사물과 사람에 대한 정리로 콘셉트가 이동한 셈이다. '정리'의 영역을 어떤 방향으로 확장할지 고민하다 보면 자신만의 새로운 콘셉트를 건져 올릴 수 있다.

10년 전에는 커뮤니케이션이나 심리학과 연관된 주제로 '설득' '대화법'이 인기를 끌었다. 대내외적으로 우환이 많아 마음이 무겁고 불안이 일상화된 현실에서 독자들의 마음을 달래주거나 위로해 줄 키워드를 발견하면 새로운 콘셉트 도출이 가능하다. '공감' '울림'이라는 키워드로 접근하다 보면 차별화된 콘셉트 도출을 예상할 수 있다.

만약 출판 기획자를 10층 엘리베이터에서 만났다면 1층에서 내리기 전에 자신의 책의 특징을 한마디로 정리하여 이야기할 수 있으면 된다.

독특한 콘셉트로 고객 관점 조정하기

콘셉트는 독자들의 굳게 닫힌 마음의 문을 활짝 열어주는 마법의 열쇠와 같은 기능을 한다. 제목이나 부제목에 반영된 책의 콘셉트는 책 내용을 궁금하게 만들고 은근히 호기심을 자극한다. 이 책을 읽지 않으면 왠지 손해 보고 시대의 흐름에 뒤떨어져질 것 같은 불안감을 조성하기도 한다. 그러한 독자들의 호기심과 불안감을 동시에 자극함으로써 독자들의 관점을 조정하고 관심을 불러일으킨다.

책의 콘셉트를 잡아내기 위한 방법은 여러 가지가 있다. 여전히 책의 콘셉트에 대한 이해가 어렵다면 스스로 몇 가지 질문을 하고 답하는 과정을 거치면 된다.

1. 자신이 출간하고자 하는 책의 핵심 내용이 무엇인가?

2. 자신이 출간하고자 하는 책을 한 문장으로 요약할 수 있는가?

3. 타겟 고객들이 흥미를 느끼고 구매할만한 매력적인 주제인가?

출판계에서는 콘셉트가 책 제목이 될 수도 있고, 부제목이 될 수도 있다. 독자들의 마음을 파고드는 한 줄 카피가 되어 책의 표지나 띠지에 실리기도 한다. 독자들이 책을 선택하여 구매할 수 있도록 강력한 메시지로 어필하거나 화두를 던져 독자들의 마음을 흔들어 놓는다.

'힐링' 이후에 최근 출판계를 관통하는 핵심 키워드는 '자존감'이다. 장기 불황과 불안이 일상이 되어버린 현실에 자신을 보듬어 주고 스스로 자신을 세워가는 독자들의 힘겨운 삶을 응원하는 한 단어! 이런 독자들의 마음을 간파하고 '심플라이프'라는 1인 기업 출판사가 《자존감 수업》을 들고 나와 대히트를 쳤다.

정신과 전문의가 복잡한 심리학 용어를 독자들이 이해할 수 있는 언어로 변환하여 일반 독자들의 눈높이를 맞췄다. 자존감을 높이기 위해 부담스런 정신과 진료나 심리 상담센터를 찾아가지 않고도 스스로 자존감을 높일 수 있는 셀프 코칭법을 제시했다. 날마다 자발적으로 조금씩 실천하면 '자존감 높일 수 있다'는 사실에 독자들이 열광하기 시작했다. **'하루에 하나, 나를 사랑하게 되는 자존감 회복 훈련'**이라는 부제에 담긴 책의 콘셉트가 책 제목과 어우러져 독자들의 마음을 사로잡고도 남는다.

이후에 출판된 《심리학, 자존감을 부탁해》는 '자존감'의 본류 인 심리학을 끌어들여 심리학의 전문성에 살짝 기대는 제목을 제시한다. 심리학의 전문성이 자칫 이론적이고 뜬 구름 잡는 내용이 될 수 있다. 이점에 착안하여 독자들의 의문을 해소하기 위해 '온전히 나답게 살기 위한 자존감 연습'이라는 부제로 핵심 콘셉트를 완성한다.

최근에 독자들은 화려한 성공담보다는 자발적으로 실천에 옮겨 자신을 조금씩이라도 변화시킬 수 있는 적용 가능성에 무게를 둔다. 실제 자신의 삶에서 활용할 수 있는 실용성을 그 어느 때보다 중시한다. 뜬 구름 잡는 얘기나 내용에는 바로 등을 돌려버리는 독자들의 성향을 간파하고 거기에 맞는 콘셉트 문구나 워딩이 필요하다.

콘셉트를 직접적인 표현에 담아 독자들의 관심을 확 끌어당기는 경우도 있다. 심리학의 영역임에도 독자들이 쉽게 이해할 수 있는 제목으로 《혼자 잘해주고 상처받지 마라》를 제시한다. 상식적인 문구라서 허망한 구호로 그치고 말거라는 기우를 해소하기 위해 '서운하고 속상한 마음을 들키지 않으려고 애쓰는 당신을 위한 감정의 심리학'을 부제로 뒷받침하고 있다. 제목과 부제목이 조화롭게 어우러져 책의 핵심 내용인 상처 받지 않는 감정의 심리학 콘셉트를 잘 드러내고 있다.

자존감과 함께 최근 독자들의 관심은 '혼자 있는 시간'을 어떻게 즐겁고 생산적으로 쓸 수 있는가이다. 그런 맥락에서 《혼자 있는 시간의 힘》도 최근에 군중속의 고독을 느끼면서도 자신의 성장을 중시하는 독자들의 마음을 파고 든 대표적인 콘셉트이다.

'기대를 현실로 바꾸는'이라는 부제목을 제목과 물 흐르듯이 연결함으로써 책의 콘셉트를 단단하게 하고 있다. 〈기대를 현실로 바꾸는 '혼자 있는 시간의 힘'〉으로 명명하여 독자들의 마음을 사로잡는 콘셉트를 직접적으로 표현하고 있다. 거기에 "혼자일 수 없다면 나아갈 수 없다"라는 핵심 문구와 함께 '평범한 대학원생 사이토 다카시를 메이지대 괴짜 교수로 만든 한마디'라는 콘셉트 문구를 책 표지에 배치하고 있다. 기대와 현실이라는 다소 막연한 표현의 간극을 채우기 위해 구체적으로 저자의 실제 사례를 책 표지에 표현하고 있다.

혼자 있는 시간을 생산적으로 활용할 수 있는 독자들의 니즈를 잘 반영한 출판계의 또 다른 키워드는 '필사'이다. '힐링' 트렌드를 반영한 구체적인 활동으로 2년 정도 '컬러링 북'이 대유행이었다. 비록 증가 추세는 아니지만 지금도 '컬러링 북'에 대한 수요는 여전하다. 성인들이 색칠을 하면서 마음에 평안을 얻고 어린 시절 스케치 북에 그림 그리던 추억에 잠길 수 있는 자신만의 시간! 군중 속의 고독을 잠시 잊고 온전히 자신에게 집중할 수 있는 시간을 통해 삶의 의욕을 재충전하는 것이다.

'컬러링 북'의 대유행 이후에 필력 향상이라는 실용성을 반영한 '필사' 쪽으로 출판 트렌드가 이동 중이다. 필사가 '손으로 하는 명상'이라는 측면에서는 여전히 '힐링'의 요소를 담고 있는 것도 사실이다. 현재 출판계의 중심에 있는 필사는 글쓰기 향상의 목적 보다는 필사를 통한 자기만족, 자기 치유 쪽에 가깝다.

《어쩌면 별들이 너의 슬픔을 가져갈지도 몰라》는 제목의 책이 필사 열풍을 주도하고 있는 책이다. 감성적인 시 제목을 차용하여 독자들의 감성에 호소하고 있다. 먼저 출판된 필사 책들이 클래식한 표지와 편집으로 중후한 무게감을 줬다면,《어쩌면 별들이 너의 슬픔을 가져 갈지도 몰라》는 화려한 표지와 아기자기한 편집으로 철저하게 독자의 감수성에 초점을 맞추고 있다.

필사의 장르도 시를 선택함으로써 이 책을 읽고 필사하면 감수성이 충전될 거라는 막연한 환상을 독자들에게 불러일으킨다. '김용택의 꼭 한번 필사하고 싶은 시'라는 부제를 통해 감수성의 대표 시인이 보증하는 필사 책이라는 핵심 콘셉트를 잘 표현하고 있다.

그리고 결정적으로 '따라 쓰는 것만으로 사랑이 이루어지는 시의 마법'이라는 광고 문구와 함께 인기드라마의 주인공들이 그책을 필사하는 PPL을 통해 소위 대박을 쳤다. 필자도 그 말을 믿고 열심히 필사했지만 끝내 사랑은 이루어지지 않았다. 그럼에도 그 책에 나오는 시 구절은 아직도 가슴 한 켠에서 잔잔한 울림을 주고 있다.

> 심장이 하늘에서 땅까지
> 아찔한 진자운동을 계속하였다
> 첫 사랑이었다.

'사랑의 물리학'
《어쩌면 별들이 너의 슬픔을 가져 갈지도 몰라》 중에서

'따라 쓰는 것만으로 사랑이 이루어 시의 마법'는 문구도 이 책의 콘셉트가 될 수 있다. 이 책 이전에 수십 권의 시 관련 필사 책이 출판되었다. 유독 이 책이 베스트셀러 반열에 오른 이유는 사전에 이루어진 출판 기획의 힘이 작용한 데 있다.

특히 감수성의 대표 시인인 김용택이 다른 시인들의 시를 필사하며 '독자들도 꼭 한번은 따라 써보길 바라는 마음'으로 101편의 시를 선정했다는 콘셉트의 승리라고 볼 수 있다. 그 외에 화사한 책 디자인, 예쁘게 잘 빠진 편집, 드라마 PPL을 통한 시너지 등 여러 가지 성공 요소가 있다. 그럼에도 그 중심에는 '김용택의 꼭 한번 필사하고 싶은 시'라는 핵심 콘셉트가 전체를 이끌고 가는 강력한 힘이 작용하고 있다.

콘셉트와 콘텐츠의 연결 고리,
한 문장의 힘

강력한 한 줄 콘셉트는 접하는 그 순간 독자들의 마음을 흔들어 관심을 불러일으키고 콘텐츠에 대한 기대를 심어준다. '나는 여전히 콘셉트가 뭔지 모르겠다.' 하는 독자들은 매주 정기적으로 오프라인 서점에 가서 책 제목들만 훑어봐도 콘셉트에 관한 감을 잡을 수 있다.

인터넷 서점이나 오프라인 서점의 진열대에 누워있는 책들은 고객들의 관심을 끌기 위해서 그 책의 핵심 콘텐츠를 한순간에 전할 수 있도록 독특한 이름표를 달고 있다. 책의 제목은 거의 책의 콘셉트인 경우가 많기 때문이다. 독자들의 선택을 받기 위해서는 책의 이름인 제목이 책의 내용을 직관적으로 요약한 한 단어 혹은 문장으로 정리되어야 독자들의 생각과 마음을 흔들 수 있다. 이것이 한 줄 콘셉트의 힘과 일맥상통하다.

　책 쓰기의 반은 제목 짓기라는 말이 있다. 그만큼 책 제목이 중요하고 판매에 영향을 미치기 때문이다. 종합 베스트셀러에 오른 책 제목, 책의 이름들이 '싶어', '있어', '했다'와 같이 문장형 으로 된 책들이 독자들의 선택을 받아 그들의 기억 속에 잊혀지 지 않는 또 하나의 의미로 자리 잡고 있다. 예전 같으면 책 광고 에 쓰일만한 문구들이 책 제목으로 쓰이고 있다.

기간별 종합 베스트셀러 20위 중 문장형 제목 책 순위 목록

기간	순위	도서명
2018년 10월 3주	2	죽고 싶지만 떡볶이는 먹고 싶어
	4	나는 나로 살기로 했다
	5	곰돌이 푸, 행복한 일은 매일 있어
	10	오늘처럼 내가 싫었던 날은 없다
	16	대한민국에 이런 학교가 있었어?
	19	하마터면 열심히 살 뻔했다
2017년 10월	5	나, 있는 그대로 참 좋다
	6	나는 나로 살기로 했다
	13	나를 보내지마
	20	보노보노처럼 살다니 다행이야
2016년 10월	5	나에게 고맙다
	17	그럴 때 있으시죠?

　대형 출판사의 한 편집자는 일간지와의 인터뷰를 통해 '책 제 목이 더욱 중요해진 것 같다'며 "독자가 처한 현실을 잘 이해하

고 공감할 수 있는 책 제목을 짓는 데는 명사로 끝나는 제목보다 문장으로 끝나는 제목이 더 효과적인 것 같다"고 말했다.

그대는 나의 마음에 **가장 짙은 말**이 된 거죠
고요한 밤 나의 마음에 계속 맴도는 이름으로 남아..

가수 한올, < 잊혀진다는 것 >

사람이 이름이든, 책의 이름인 제목이든 고객의 마음속에 '가장 짙은 말'이 되어야 의미가 있다. 내 이름이지만, 내가 지은 책 제목이지만 누군가의 기억 속에 새겨지고, 마음속에 자리 잡아야 차별화된 브랜드로서 생존이 가능하고 나아가 수익화도 가능하다.

'독특한 콘셉트의 브랜드는 살아남아 명성과 수익을 남긴다.'

by 이세훈

감성 에세이 분석하고 콘텐츠 생산하기, 틈 그리고 튼튼함

창조의 바퀴을 통해 감성 에세이를 분석하고 자신만의 콘텐츠를 생산하는 과정을 여기에 소개한다.

1단계
관심-관찰-관점-관계 프로세스로 흐름 느끼고 분석하기

1단계 ① 관심

대학 때 농촌봉사 활동을 갔다가 작은 사찰에 들어 간 적이 있다. 마당 한가운데에 석탑 하나가 기품을 뽐내며 당당하게 자리를 차지하고 있었다.

1단계 ② 관찰

난 탑 주변을 빙빙 돌며 돌에 새겨진 상처와 흔적을 살폈다. 얼핏 봐도, 나이를 먹을 만큼 먹은 석탑이었다. 세월과 비바람을 견딘 흔적이 역력했다.

'몇 살쯤 됐을까?' '얼마나 오랜 세월 동안…' 혼자 조용히 상상의 나래를 펼치던 찰나, 등 뒤에서 누군가 말을 걸었다. "얼마나 됐을 것 같나?"

주지 스님인 듯했다. 그는 하루에도 서너 번씩 마주치는 옆집 아이에게 안부 인사를 건네듯 편안한 말투로 말을 이었다.

1단계 ③ 관점

"이곳에 있는 석물은 수백 년 이상 된 것들이 대부분이야. 참, 이런 탑을 만들 땐 묘한 틈을 줘야 해"

"네? 틈이라고 하셨나요?"

"그래, 탑이 너무 빽빽하거나 오밀조밀하면 비바람을 견디지 못하고 폭삭 내려앉아. 어디 탑만 그렇겠나. 뭐든 틈이 있어야 튼튼한 법이지."

1단계 ④ 관계(지음)

스님이 들려준 설명이 건축학적으로 타당한지는 잘 모르겠으나, 그 이야기를 듣자마자 그동안 내 삶에서 속절없이 무너져 내렸던 감정과 관계가 주마등처럼 스쳐 지나갔다. 돌이켜보니 지나치게 완벽을 기하는 과정에서 중심을 잃고 넘어지게 만든 대상이 셀 수 없이 많았던 것 같다.

틈은 중요하다. 어쩌면 채우고 메우는 일보다 더 중요한지 모르겠다. 다만 틈을 만드는 일이 어렵게 느껴지는 건, 그때나 지금이나 매한가지다.

· ·

2단계

관심-관찰-관점-관계 프로세스에 자신의 추억이나 경험 대입해 보기(질문으로 생각의 문을 살짝 열어 놓기)

질문1 지금까지 살면서 자신이 가장 좋았던 여행이나 봉사 활동이 있나요?

_____

_____

_____

질문 2 기억에 남는 에피소드나 추억 어린 사연이 있나요?

_____

_____

_____

_____

질문 3 추억 속의 여행이나 활동 중에서 인상적인 사람이나
경치, 사물 등이 있나요?

_____

_____

_____

_____

질문 4 마주친 사람이나 사물, 경치 중에 감동을 주거나 깨
달음, 충격을 준 내용이 있나요?

_____

_____

_____

_____

3단계

연결 고리 찾기

<틈 그리고 튼튼함>

대학 때 농촌봉사 활동을 갔다가 작은 사찰에 들어 간 적이 있다. 마당 한가운데에 석탑 하나가 기품을 뽐내며 당당하게 자리를 차지하고 있었다.

난 탑 주변을 빙빙 돌며 돌에 새겨진 상처와 흔적을 살폈다. 얼핏 봐도, 나이를 먹을 만큼 먹은 석탑이었다. <u>세월과 비바람을 견딘 흔적</u>이 역력했다.

'<u>몇 살쯤</u> 됐을까?' '얼마나 <u>오랜 세월</u> 동안...' 혼자 조용히 상상의 나래를 펼치던 찰나, 등 뒤에서 누군가 말을 걸었다. "<u>얼마나 됐을 것 같나?</u>"

주지 스님인 듯했다. 그는 하루에도 서너 번씩 마주치는 옆집 아이에게 안부 인사를 건네듯 편안한 말투로 말을 이었다.

"이곳에 있는 석물은 <u>수백 년 이상 된 것들</u>이 대부분이야. 참,

이런 탑을 만들 땐 묘한 틈을 줘야 해"

"네? 틈이라고 하셨나요?"

"그래, 탑이 너무 빽빽하거나 오밀조밀하면 비바람을 견디지 못하고 폭삭 내려앉아. 어디 탑만 그렇겠나. 뭐든 틈이 있어야 튼튼한 법이지."

스님이 들려준 설명이 건축학적으로 타당한지는 잘 모르겠으나, 그 이야기를 듣자마자 그 동안 내 삶에서 속절없이 무너져 내렸던 감정과 관계가 주마등처럼 스쳐 지나갔다. 돌이켜보니 지나치게 완벽을 기하는 과정에서 중심을 잃고 넘어지게 만든 대상이 셀 수 없이 많았던 것 같다.

틈은 중요하다. 어쩌면 채우고 메우는 일보다 더 중요한지 모르겠다. 다만 틈을 만드는 일이 어렵게 느껴지는 건, 그때나 지금이나 매한가지다.

4단계

자신의 여행, 봉사 활동 등을 소재로 소^(小) 칼럼 써 보기

4-1 여행이나 봉사 활동, 학창 시절 추억 중에 관심을 끌어당긴 것

4-2 관심을 따라 관찰을 하게 된 요소, 눈에 띄자마자 바로 관찰한 것

4-3 관찰하다가 자신만의 관점으로 발견한 내용, (소소한) 깨달음, 느낌, 떠오른 이미지

4-4 발견한 내용, (소소한) 깨달음, 느낌, 떠오른 이미지 등과 연결시킬 수 있는 요소 찾기

4단계

'틈'을 주제로 1.5페이지 분량 칼럼 써 보기

탑이 너무 빽빽하거나 오밀조밀하면 비바람을 견디지 못하고 폭삭 내려앉아. 어디 탑만 그렇겠나. 뭐든 틈이 있어야 튼튼한 법이지."

스님이 들려준 설명이 건축학적으로 타당한지는 잘 모르겠으나, 그 이야기를 듣자마자 그 동안 내 삶에서 **속절없이 무너져 내렸던** 감정과 관계가 주마등처럼 스쳐 지나갔다.

지나치게 완벽을 기하는 과정에서 중심을 잃고 넘어지게 만든 대상이 셀 수 없이 많았던 것 같다.

틈은 중요하다. 어쩌면 채우고 메우는 일보다 더 중요한지 모르겠다. 다만 **틈**을 만드는 일이 어렵게 느껴지는 건, 그때나 지금이나 매한가지다.

0. 틈에 대한 사전의 정의 찾아보기

 - 벌어져 사이가 난 자리

 - 모여 있는 사람의 속

 - 어떤 행동을 할 만한 기회

1. 틈에 대한 자신의 생각, 의견, 주장 정하기

_____

_____

_____

_____

2. 틈에 대한 자신의 생각을 뒷받침하는 3가지 근거나 이유
   찾기

_____

_____

_____

_____

3. 틈이 있는 곳 찾아보기

 – 눈에 보이는 것 _____

 – 눈에 보이지 않는 것 _____

4. 틈이 있어서 좋은 것(사물, 사람, 상황 등)

_____

_____

_____

_____

5. 틈이 있으면 나쁜 것(사물, 사람, 상황 등)

_____

_____

_____

6. 틈과 '디테일의 힘' 차이와 장점, 단점 생각해 보기

콘셉트 잡기 트레이닝 : 동양고전 사례

동양 고전을 현대적인 관점에서 재해석한 사례를 소개한다. 사통의 콘셉트로 콘텐츠의 제목과 목차를 설계하고, 이후 다음 꼭지에서 현대적 관점의 해석을 덧붙인 콘텐츠 생산 사례를 공유하고자 한다.

콘셉트

(격랑의 시대) 동양고전의 핵심으로

 깨우치는 천년의 지혜 ; 사통(四通)

제 목

<동양고전(四通), 인생을 통달(通達)하는 천년의 지혜>

부 제

(험난한) 인생 항로의 나침반 ; 사통(四通)

사통(四通) 나침반

【콘텐츠 구성】

제1장

관통(貫通) : **스스로 깨우치고**(꿰뚫고), **당당하게 서라**

- 인생을 꿰뚫는 삶의 철학과 근본 원리, 인간의 본성을 깨닫
  고 체득하라
- 부분/개별 요소 보다 큰 그림을 볼 수 있는 안목을 기르라

제2장

계통(系通) : **탄탄한 내공**(실력)**으로 무장하라**

- 소명을 따라 탄탄한 전문 지식으로 무장하여 본업(本業)을
  일구고, 탁월한 본업 수행으로 일가(一家)를 이루라

- 계열별 지식을 융합하는 통섭, 계열별/개인별 전공지식을 통합하는 집단지성

제3장

변통(變通) : **시류**(時流)**를 간파하고, (위기에) 대처하라**

- 고전에서 읽어낸 변화상(변화 패턴)에 대한 지혜를 급격한 시대 변화 감지에 응용하고 창의적인 방식으로 유연하게 대처하라(트렌드 파악으로 유연한 상황 대처 능력, 융통성, 창의성, 임기응변)

- 급격한 시류 변동으로 자신의 기반이 무너질 때, 궁변통구(窮變通久)하라(궁하면 변하게 되고 변하게 되면 두루 통해서 오래 감)

제4장

화통(化通) : **소통하고, 이끄는 자가 되라**

- 자연의 오묘한 도리(道理)에 통하기 위한 자기 비움의 과정(포용성의 확장)

- 사람들과 원활한 소통으로 하나가 되며 이들을 이끄는 리더가 되라

자신만의 콘셉트로 콘텐츠 생산하기

사통의 콘셉트를 중심으로 목차를 설계하고, 목차 4개의 관점과 연계된 동양 고전 원문의 어구를 매칭시키고, 원문의 어구를 현대적 관점으로 재해석한 콘텐츠를 생산하는 과정이다.

사람마다 마음의 평정심을 유지하기 위해 여러 가지 활동들을 한다. 운동, 요가, 등산, 명상, 산책 등 그 종류도 다양하다. 거기에 하나를 더하자면 동양 고전 읽기를 추가할 수 있다. 인생이 나아가야 할 올바른 방향에 대한 지침도 얻고 자신의 생각을 정리할 수 있기 때문이다.

동양 고전에는 천 년의 세월을 통해 검증된 삶의 지혜와 통찰이 응축되어 있기에 항상 가까이하고 싶은 콘텐츠 생산의 보물창고이다. 동양고전은 한자 세대인 필자에게는 그리 어렵지 않게 접근이 가능해서 더 끌림이 있는 콘텐츠의 원천이기도 하다.

동양 고전은 원문과 전문가들의 해석만 읽고 넘어가면 금방 읽을 수도 있다. 하지만 마치 자기 계발 서적을 읽듯이 눈으로 스치고 지나가면 머리에 남는 것도 없고 학창 시절에 도덕책을 읽는 것처럼 무미건조할 수도 있다. 동양고전은 필사를 통해 그 깊은 뜻을 곱씹어 보고 되새김질함으로써 천년의 깊은 내공을 가까스로 인풋할 수 있다.

동양 고전을 제대로 인풋 하는 방법은 먼저 원문을 베껴 쓰면서 원문의 기본적인 뜻을 이해하는 과정을 먼저 거쳐야 한다. 동양 고전의 범위가 방대한 관계로 초기에는 고전 전문가들에 의해 주제별로 엄선된 핵심 구절들을 필사하는 방법을 권장한다.

필자는 초기에《동양 고전 잠언 500선》이라는 책으로 동양 고전 필사를 시작했다. 동양의 3대 잠언집인《명심보감》,《채근담》,《유몽영》에서 엄선한 잠언들이라는 말이 필자를 끌어 당겼다. 목차를 살펴보니, 권학, 수신, 제가, 치평, 자연, 출세 등 6개의 주제로 나뉘어져 있다. 수신이 가장 많은 부분을 차지한다. 자연과 출세에 대한 잠언이 그 다음으로 많다. 부록으로 필사 노트까지 있어서 바로 구매해서 필사를 시작했다.

잠언 필사 노트에 원문과 해석을 옮겨 적으면서 필사의 묘미와 사유의 깊이를 느낄 수 있었다. 첫 번째 주제인 권학부터 찬찬히 숙독하며 한 글자, 한 글자 정성을 들여 필사했다.

《禮記》曰, "博聞强識而讓, 敦善行而不怠, 謂之君子."

《예기》왈, "박문강지이양, 돈선행이불태, 위지군자."

"널리 들어 기억하되 양보하고, 선을 돈독히 하여 실행하되 게으
 르지 않게 한다. 이를 일컬어 '군자'라고 한다."

《예기》〈곡례〉 상편

군자란 모름지기 상황이나 형편을 잘 듣고 잘 기억해서 잘 양
보하는 사람으로 해석할 수 있다. 부지런하게 몸을 움직여 선행
을 적극적으로 실천하는 사람을 일컫는 말이다. 성실하게 선을
실천하기가 말처럼 쉽지 않다. 하지만 마음속의 선한 생각을 행
동으로 실천하는 사람이 되고 싶은 결심을 유도하는 명문장이다.

필사의 다음 단계로 위에서 예로 든 군자의 삶과 연관된 다
른 구절을 찾아 관점의 폭을 넓히고 연결고리를 찾아 관계시키
는 과정이 필요하다. 그래야 동양 고전의 깊은 의미를 제대로 파
악하고 삶에 적용할 수 있다. 동양 고전 독서와 필사를 할 때 고
전에 대한 맹신을 하지 않도록 유의해야 한다. 결국 콘텐츠 생산
은 철저하게 우리의 삶과 연결고리를 찾아 삶에 변화를 가져와
야 의미가 있다.

먼저 상단에는 동양고전에서 엄선한 표제 구절 원문을 두고,
원문에 대한 해석을 덧붙여 기본적인 의미를 파악한다. 글의 첫
머리에서 표제 구절에 대한 깊은 이해를 위해 다른 동양고전의

내용을 관계 지어 해설을 추가한다.

다음으로 전체 주제를 이끌어 가기 위해 표제 구절을 현재의 상황과 연결시켜 이슈를 제기한다. 이슈를 해결하기 위한 자신의 주장을 펼치고, 그 주장을 뒷받침하기 위한 다른 동양 고전이나 (서양) 고전이나 유명인들의 명언 등을 인용한다. 주제와 연관된 현실의 문제 사례를 들어 바람직한 방향을 제시하는 형태로 마무리 한다.

예를 들어 표제 구절을《한비자》에서 건져 올려 하나의 콘텐츠를 생산하는 샘플을 제시한다.

> 비지지난야, 처지즉난야 (非知之難也, 處知則難也)
>
> 아는 바가 어려운 게 아니다. 어떻게 처신하느냐가 어렵다.
>
> 《한비자》

《한비자》에 "비지지난야, 처지즉난야(非知之難也, 處知則難也)"라는 구절이 나온다. 자신의 상황을 제대로 파악하고 처신(處身)의 중요성을 일컫는 말이다. 처신(處身)은 세상살이나 대인 관계에서 지녀야 할 바른 몸가짐이나 행동을 의미한다.

가정에서는 가장으로서 따뜻한 말과 사랑으로 가족을 이끌어야 한다. 회사에서는 리더일수록 몸을 낮추어 경청하는 태도를 갖추어야 한다. (고위) 공직자라면 국민이 부여해 준 자리에서 한 발짝 내려와 겸허하게 민심에 귀를 기울여야 한다.

《맹자》에 "천하의 넓은 지경에 머물며, 올바른 지점에 서서, 큰 도를 행하라"는 구절이 나온다. 세상의 큰 흐름을 파악하기 위해 넓은 시야를 가져라. 동시에 자신이 머물고 있는 위치가 주는 의미를 제대로 알라는 말이다. 자신의 직위나 직책에 맞는 처신으로 신뢰를 얻고 인생의 바른 길을 가라는 말이다.

평소 사람을 대할 때 부드러운 말과 예의를 갖춘 행동은 상대방에게 호감을 준다. 이슈를 해결하기 위한 논리적인 의사소통으로 상호신뢰가 구축된다. 영업사원의 매너있는 행동으로 고객과의 거래가 성사된다. 회사에서 핵심 위주의 커뮤니케이션과 동료들과 원만한 관계를 유지한 사람이 상사의 신뢰를 받게 된다. 세계무대에서도 대통령이나 외교관들의 품격 있는 외교 매너로 국가의 이미지가 제고된다.

한편 공인들의 부절적한 처신으로 평생 쌓아 온 신뢰와 명성을 한 방에 날려버리는 기사를 접하게 된다. 국민을 금수로 표현한 망발이나 외교 무대에서 성추행 시비를 일으킨 사례들이다. 까마귀가 날아오르자 배가 떨어진 오비이락(烏飛梨落)의 상황이었다며 자신을 합리화하기도 한다. 리더의 위치에 있는 사람일수록 '배나무 아래서 갓을 고쳐 쓰지 말라(이하부정관 李下不整冠)'는 선현들의 교훈을 귀담아 들어야 한다.

리더의 위치에 있을수록 평소에 오해가 생길만한 말이나 행동을 스스로 조심하고 삼가야 한다. 더 나아가 스티븐 M. R. 코비는《신뢰의 속도》에서 언행일치와 약속을 지키는 능력이 신뢰를 높일 수 있다고 강조한다. 리더가 하는 말은 개인적인 소회가 아니라 대부분 구성원들과 연관성을 맺고 있다. 한 번 내뱉은 말은 지키는 바른 처신으로 신뢰를 쌓아야 한다.

"아는 바가 어려운 게 아니다. 어떻게 처신하느냐가 어렵다"

본래 귀감은 처신과 관련해서 나온 고사성어다. '귀(龜)'는 거북의 형상을 위에서 본 그림이다. '감(鑑)'은 거울 역할을 했던 물그릇에 비춰진 자기 모습이다. 평소에 자신의 말과 행동이 바람직한 모습을 갖추고 있는지 수시로 자신을 점검해야 한다. 거울 삼아 본받을 만한 모범적인 처신으로 신뢰를 쌓고 스스로에게 당당한 삶을 살아가라.

올바른 자리에 자신을 두라는 주제로 바람직한 군자의 삶과 연관된 내용이다. 독자들도 동양고전을 자신만의 관점으로 재해석하고 인풋하는 필사를 통해 1,000년의 세월 동안 검증된 지혜를 적용함으로써 날마다 변화되는 삶을 살아가고 나아가 자신만의 콘텐츠를 아웃풋하기 바란다.

제6장
콘셉트의 완성, 공간 재창조

공간, 눈에 보이는 콘셉트

최근 많은 분야에서 콘셉트의 중요성이 강조되고 있다. 거기에 브랜딩의 역할이나 가치가 더 중요해지면서 콘셉트에 대한 강의나 간행물들도 많아지고 있다. 이는 공간에서도 마찬가지다.

공간의 콘셉트는 크게 3가지로 나눌 수 있다. 첫째로, 제품 판매와 눈에 띄는 배치 등 기능을 강조한 '기능 중심 콘셉트', 둘째로, 대부분의 업계 종사자들이 고민하는 '디자인 중심 콘셉트', 세 번째로, 과거에 존재했던 공간을 재해석하거나 공간에 특별한 의미를 부여하는 '공간의 재창조' 콘셉트이다.

첫째, '기능 중심 콘셉트'는 공간의 기본 기능인 제품 판매에 충실한 콘셉트이다. 공간의 미적 요소를 강조하는 디자인보다 제품 자체를 돋보이게 하고 제품을 제조하는 과정을 보여주기도 한다. 파란색 병 모양의 상징으로 세계적으로 이름을 날리고 있는 '블루보틀(Blue Bottle)'을 대표적인 사례로 꼽을 수 있다.

'블루보틀'이라는 브랜드는 공간의 콘셉트에 그 기반을 두고 있다. '블루보틀' 매장의 공간 콘셉트는 이미지에서 보는 바와 같이 오른편에는 '블루보틀' 로고가 있다. 그리고 커피를 제조하는 바리스타를 중심으로 고객과 커피 그 자체를 강조하는 심플한

블루보틀 인테리어 콘셉트

이미지 출처 : 블루보틀 인스타그램

디자인 콘셉트이다.

'블루보틀' 매장에 방문한 고객들은 자신이 마시게 될 커피의 추출 과정을 여과 없이 지켜보면서 커피의 고유한 향을 음미하며 제품 그 자체에 집중할 수 있다.

둘째로, 공간을 설계할 때 가장 많이 고려하는 '디자인 중심 콘셉트'는 시각적인 효과에 중점을 둔 공간의 콘셉트이다. 사람들의 시선을 확 잡아당기는 파격적인 공간의 비주얼은 전혀 다른 영역간의 융합에서 나온다.

K11 아트몰은 예술과 비즈니스가 결합된 공간 콘셉트 모델이다. 쇼핑몰의 이동 경로에 따라 고객들이 출입하는 통로에 배치된 전시공간으로 쇼핑을 하면서 예술 작품을 자연스럽게 감상할

K11 아트몰의 공간 콘셉트

이미지 출처 : https://froma.co/acticles/333

206

롯데 부여 리조트의 공간 재창조

수 있도록 설치한 공간 콘셉트이다.

　　마지막으로 공간의 재창조 콘셉트이다. 기존 공간의 전통과 콘셉트를 유지하되 일부를 좀 더 현대적으로 재해석해서 구성한 것이다. 예를 들어 한옥을 현대적으로 재해석해서 차별화된 공간을 꾸미는 콘셉트이다.

　　롯데 부여 리조트는 디자인 측면에서 전통과 현대 건축, 즉 한옥과 현대 콘크리트 건축물의 조화를 과감하게 시도해서 사람들의 시선을 사로잡은 공간의 재창조 콘셉트의 대표적 사례.

복합 문화 공간 콘셉트 - 서점

해외사례 - 츠타야 서점

유튜브, 틱톡 등 영상 콘텐츠 매체의 발달로 인한 독서 인구 감소로 오프라인 서점들이 속속 문을 닫고 있다. 지속적인 위기설과 생존을 위한 대책으로 오프라인 서점들이 책을 매개체로 다양한 콘셉트의 공간으로 재탄생하고 있다. 그냥 책을 팔고 사던 기존 서점의 역할이 다른 아이템과 결합하거나 다른 분야로 확대되며 변화를 꾀하고 있다.

츠타야 서점을 기획한 마스다 무네아키 대표는 《지적 자본론》에서 '책 자체를 판매하려 하기 때문에 서점의 위기를 초래한 것'이라며 '츠타야가 파는 것은 라이프스타일'이라고 말했다.

츠타야에서 고객들은 책 구매는 물론 자신의 라이프 스타일과 문화적 경험을 동시에 누릴 수 있다. 츠타야가 판매하는 제품은 책뿐만 아니라 음반, 문구부터 가전제품까지 다양한 범위의 생활용품을 포함한다.

츠타야를 찾은 고객들은 일반 서점의 고객들과는 다른 소비 행태를 보인다. 소파에 앉아 매장에 비치된 책을 읽으며 스타벅스 커피를 마시기도 한다.

리빙 & 컬처 분야의 책을 보면서 동시에 옆에 진열된 주방용품을 살펴본다. 미용에 관련된 책을 읽으면서 화장품 코너도 둘러본다. 서점은 책뿐만 아니라 라이프 스타일 관련 제품을 판매

츠타야 서점

이미지 출처 : CCC공식 홈페이지

하는 복합 문화 쇼핑 공간으로 변신하고 있다.

서점이 콘셉트 문화 공간으로 탈바꿈한 일본의 츠타야 서점은 단순히 책을 파는 공간이 아니다. 라이프 스타일이 전달되도록 상품을 배치해서 고객들이 자신의 라이스 스타일에 필요한 제품을 취사선택하고, 그 라이프 스타일이 실현되고 유지 될 수 있도록 공간을 설계했다.

츠타야는 고객들이 자신만의 '라이프 스타일'을 만들어 나가도록 새로운 콘셉트의 공간을 제공한다. 고객들이 책을 읽고 아이디어를 떠올리는 것을 넘어 이를 직접 실행할 수 있도록 기초를 마련해주는 것이다. 츠타야는 고객들을 상대로 라이프 스타일을 파는 문화적 공간으로서 서점의 미래를 제시했다.

츠타야는 변화하는 소비 패턴을 사전에 감지하여 트렌드를 주도하는 경영 방식을 통해 혁신적인 탈바꿈에 성공했다. 고객들의 변화된 니즈를 꿰뚫은 츠타야의 라이프 스타일을 파는 차별화된 공간 콘셉트로 전 세계인들에게 사랑받을 만한 핫 플레이스가 되었다.

국내 사례 – 아크앤북

독서 인구 감소와 출판계 불황에도 '아크앤북'은 오프라인 서점의 대표 주자다. 책으로 아치형 천장을 구성한 이른바 '책 터널

공간 콘셉트'가 특히 유명하다.

이 서점이 유명세를 치르는 이유는 단순히 책 터널이라는 공간의 콘셉트 때문만은 아니다. 이 서점은 '라이프 스타일 큐레이션' 서점을 비즈니스 콘셉트로 삼고 있다. '큐레이션'이라는 용어가 미술관에서 기획자들이 눈에 띄는 작품을 선별해서 전시하는 것을 말한다.

서점에서 라이프스타일 큐레이션도 마찬가지다. 서점 담당자가 기획자 역할을 맡아 고객들에게 라이프스타일을 선보인다. 라이프 스타일 큐레이션이라는 취지에 맞게 책의 분류 체계

아크앤북 책 터널

이미지 출처 : http://otdcorp.co.kr/our-brand/arc-n-book/

도 독특하다. 'DAILY(일상)' 'WEEKEND(주말)' 'INSPIRATION(영감)' 'STYLE(스타일)', 네 가지 주제에 따라 서가를 분류했다. 4개의 테마와 개별 스토리를 통해 고객들이 새로운 삶의 양식과 패턴을 발견할 수 있도록 제안하고 있다.

아크앤북의 또 다른 차별화 포인트는 '라이프스타일의 토털 솔루션'에 있다. 책뿐만 아니라 다양한 매체의 미디어 콘텐츠를 함께 추천한다.

DAILY는 일상생활에 실제 도움이 되는 책과 생활용품들이 주종이다. WEEKEND에는 컬러링북과 별미 여행 등 반복되는 일상에 지친 사람들에게 활력을 줄 수 있는 도서와 제품들이 선별되어 있다.

STYLE은 자신의 문화 취향과 감성을 자유롭게 모색하고, 급변하는 라이프 트렌드를 빨리 서치 할 수 있도록 국내외의 다양한 매거진, 패션, 문학, 미술, 음악 분야의 독특한 책들을 음반, 패션 잡화 등과 함께 배치해두었다.

INSPIRATION은 여행, 명상, 영화, 인문학 등 영감과 힐링을 통해 영혼(soul)을 깊게 만들어주는 품목들이 자리 잡고 있다. 여행 세부 테마의 경우, 국가별 가이드 도서와 더불어 해당 국가의 소설, 에세이, 역사서들이 여행 용품들과 함께 배치되어 있다.

차별화된 서점들은 단순히 책을 사고파는 공간의 개념을 뛰어 넘는다. 고객 개별로 다양한 문화적 욕구를 충족시키고 그들의 삶의 방식과 양식, 가치관에 변화를 주는 복합 문화공간으로 진화해가고 있다.

서점은 더이상 책만 파는 공간이 아니다. 책에 담긴 다양한 라이프스타일과 생각을 함께 공유하고, 그 과정에서 자신의 정체성과 콘셉트를 찾아나가는 핫 플레이스로 변모하고 있다. 책과 독자, 독자들 사이를 연결하고, 서로에게 긍정적인 영향을 미칠 수 있는 융합과 재창조의 공간으로 진화하고 있다.

복합 문화 공간 콘셉트 - 만화방

'단순히 책을 보고 휴식을 취하는 공간에서 탈피 새로운 문화 콘텐츠를 경험할 수 있는 아늑하고 편안한 공간'

복합문화 공간 콘셉트로 추억을 선사하는 통툰 카페의 비즈니스 콘셉트이다. 다양한 콘셉트의 디자인 공간을 경쟁력으로 내세우는 기업 사례다. 만화방 하면 지하 1층의 답답하고 습한 공기로 가득 찬 광경이 연상된다. 이런 만화방은 오락실과 함께 이제 역사 속으로 사라지고 있다.

만화 카페들이 먹고, 쉬고, 마시고 즐기는 비즈니스 콘셉트로 시간과 공간을 팔고 있다. 대부분의 만화 카페는 시간제로 운영된다. 시간당 요금을 내면 자유롭게 만화책을 볼 수 있고, 별도로

동굴방 다락방 컨테이너룸
좌식다다미룸 카페존 빈백존
누구라도 즐길수 있는 다양한
컨셉의 디자인공간

인형뽑기 퍼즐 블럭 등의
복합오락공간에서 의
다양한 즐길거리

안마석, 발맛사지, 카페공간등
편안한 아지트와 같은 공간

통툰 만화카페

이미지 출처 : http://tongtooncafe.co.kr

요금을 지불하면 분식, 과자, 음료, 커피 등 다양한 먹을거리도 먹을 수 있다.

만화방이 쾌적하고 아늑한 복합형 문화 공간 카페 콘셉트로 재탄생하고 있다. 만화방은 이제 한곳에서 만화와 오락, 식사를 모두 해결할 수 있는 카페로 진화하고 있다. 남녀노소 누구나 편하게 찾을 수 있어 쉬면서 놀고, 의견을 교환하는 문화공간이면서 일상의 피로로부터 해방되어 잠시 숨을 고르는 장소로 변모하고 있다.

복합 문화 공간 콘셉트 - 슈퍼마켓

'수많은 오프라인 매장들이 '제품 중심'의 운영에서 탈피하여 소비자에게 다양한 경험을 제공하는 '공간 중심'의 운영으로 변신을 꾀하고 있다. 이러한 변화는 소비자를 단순히 '제품을 구매하는 사람'이 아니라 '다양한 경험을 원하는 관객'으로 인식하고 있다는 반증이다.

《콘셉트 있는 공간》

오랜 만에 지인과 만남을 위해 약속하기 전, '어디서 뭐 하지'라는 질문은 매번 풀리지 않는 숙제다. 만남이 주로 이루어지는 퇴근 후나 주말에 차도 막히고 여기저기 이동하기 번거로울 때,

한 곳에서 여러 가지를 해결하고 경험할 수 있는 복합 공간이 필요하다.

그 대안으로 추억의 동네 슈퍼마켓이 떠오르는 친근한 분위기의 라이프스타일 마켓 콘셉트의 보마켓이 유용한 사례가 될수 있다. 한남동 남산맨션 상가에 미국 제품 가게 콘셉트로 시작된 보마켓은 경리단길과 만리동, 서울숲에 이어 신촌에 5호점을 오픈했다. 보마켓 서울숲점은 외관부터 이국적인 공간의 분위기가 물씬 풍긴다.

생활 밀착형 복합 공간이라는 콘셉트에 맞게 동네 골목 속위치하며 장바구니, 문구류, 와인등 폭넓은 생활용품을 판매하고 가격도 저렴한 편이다. 라이프 스타일 편집숍, 브런치 가게, 베이커리 코너 등으로 구성되어 있다. 이들 상품구성 상당 부분은 동네 주민들과 공유하고 싶어 큐레이션한 것들로 보마켓

유보라 대표가 직접 사용해본 전 세계 식료품 및 잡화들로 구성돼 있다.

보마켓은 기존 슈퍼 마켓과 식료품 단순 판매 비즈니스를 넘어 차별화된 제

품 소싱 구성과 공간 콘셉트로 식료품과 라이프스타일 그리고 Food & Beverage를 접목해 복합 공간 콘셉트의 새로운 패러다임을 구축했다

생활 밀착형 복합 공간 콘셉트의 보마켓

이미지 출처 : http://bomarket.co.kr/shopinfo

복합 문화 공간 콘셉트 - 아이스 크림 샵

　알키미아 아이스크림 가게는 유기농 아이스크림이라는 3무 (無) 콘셉트(무설탕, 무색소, 무유화제)를 살려 만든다. 설탕 대신에 꿀을, 유화제 대신에 무항생제 계란을 사용한다. 아이스크림 하면 몸에 안 좋다는 선입견이 있기 마련인데, 역발상으로 알키미아에서 먹는 아이스크림은 안심하고 먹을 수 있다는 점을 강조한다. 건강에 좋은 아이스크림이라는 관점의 전환이 이루어지는 지점이다.

　색감이 예쁜 파스텔 톤이다. 무색소로 이런 색감이 나오는 것도 신기하다. 인위적인 색이 아니고 내추럴해서 눈으로 보기에도 부담스럽지 않다. 몸에 해로운 색소를 넣지 않고 파스텔톤 내추럴 아이스크림도 건강에 좋을 수 있다는 점을 강조한다.

알키미아 아이스크림 가게의 문화공간 콘셉트

이미지 출처 : https://blog.naver.com/0502eksql/221903697012

한편 카페 분위기는 전체적으로 빈티지한 느낌이 물씬 풍긴다. 여러 소품들도 빈티지함에 한몫하고 있다. 외국에 있는 어떤 가게에 들어간 것 같은 분위기를 연출하고 있다.

복합 공간 콘셉트는 단순히 파스텔톤의 유기농 아이스크림과 빈티지한 소품과 분위기로만으로는 한계가 있다. 단순히 아이스크림을 파는 공간이 아니라 문화적인 측면과 결합을 통해 고객들에게 색다른 체험과 경험을 할 수 있는 기회를 제공해야 복합 문화 공간으로서 콘셉트가 비로소 완성될 수 있다.

알키미아에서는 사진전을 진행하고 있다.〈Sacred &

〈Sacred & Mundane〉 사진전

이미지 출처 : https://blog.naver.com/0502eksql/221903697012

Mundane〉 사진전이다. 성스러운 & 일상적인 그런 의미를 담고 있다. Luca sartor의 사진 전시회이다. 작가가 여행을 다니면서 촬영한 사진들을 전시함으로써 방문객들에게 유기농 아이스크림 맛 외에 감수성을 적셔 줄 수 있는 문화 이벤트를 제공한다.

에필로그

컨셉질이 세상을 바꾼다

질문자 : '컨셉충'이 무슨 뜻인가요?

답변자 : 컨셉 아시죠? 콘셉트 말입니다. 그 컨셉에다가 '벌레 충(蟲)' 자를 써서, '컨셉질을 하는 사람을 비꼬는 말'입니다. 한 마디로 좋지 않은 뜻입니다. 컨셉질이란 주로 인터넷에서 재미를 목적으로 현실과 다른 인격과 설정을 내세우고 하는 행동, 그러니까 "컨셉질을 지나치게 많이 하는 줄 알았는데~~"라는 의미가 됩니다.

대화 출처 : https://hinative.com/ko/questions/19360482

이처럼 컨셉질이란, 주로 온라인에서 재미삼아 현실과 다른 인격과 설정을 내세우고 하는 말과 행동을 의미한다. 여기서 다른 인격, 역할을 컨셉이라 부르는데 이에 행동을 뜻하는 접미사 '-질'이 붙은 것이다.

보통 컨셉질을 하는 사람을 관심병에 걸린 사람이라고 치부하지만 개인 취향이나 목적 때문에 콘셉트를 메이드(made)하는 사람도 있다. 한편 이러한 컨셉질은 유튜버, 스트리머들의 등장으로 사실상 연예인들의 방송용 캐릭터와 유사한 의미로 사용되기도 한다.

인터넷 방송처럼 대외적으로 비춰지는 방송용, 스트리밍용 캐릭터로서 나름 콘셉트를 잡고는 하는 것이다. 게임 캐릭터 콘셉트를 잡고 다른 SNS나 게임에서 활동하는 경우도 있다.

컨셉질을, 건전하게 자주 하다 보면 고상한 콘셉트 크리에이터로 거듭날 수 있지 않을까?

필자의 컨셉질은 여기까지다! 이만 총총!